ISOLA DI MURANO
FOND. SERENELLA
RIO D. VETRAI
CALLE MIOTTI
CANALE DEI MARANI
CANALE DELLE NAVI
S. MICHELE
CIMITERO
ISOLA DI S. MICHELE
W0306754
GESUITI
FONDAMENTE NOVE
A
RIO S. CATERINA
CHIESA DI SANTA MARIA DEI MIRACOLI
SCUOLA GRANDE DI SAN MARCO
SS. GIOVANNI E PAOLO
S. MARIA FORMOSA
S. LORENZO
R. DI S. SEVERO
R. DI S. LORENZO
S.SALVADOR
SCUOLA DI S. GIORGIO D. SCHIAVONI
BASILICA DI SAN MARCO
PONTE DEI SOSPIRI
LA PIETÀ
PALAZZO DUCALE
AZZA MARCO
RIVA DEGLI SCHIAVONI
S. FRANCESCO D. VIGNA
F
DARSENA GRANDE
CAN. DI P.TA NUOVA
CHIESA DI SAN PIETRO DI CASTELLO
CASTELLO
TORRI D. ARSENALE
CORDERIE
C.o di Ruga
CAN. DI S. PIETRO
ISOLA DI S. PIETRO
MUS. STORICO NAVALE
PAL. D. SPORT
R. D. TANA
VIA GARIBALDI
RIO DI QUINTAVALLE
LA MARINARESSA
BACINO DI S. MARCO
RIVA D. 7 MARTIRI
SECCO MARINA
R. DI S. GIUSEPPE
D. GIARDINI
GANA
UTE
BACINO
S. GIORGIO MAGGIORE
ISOLA DI SAN GIORGIO MAGGIORE
CANALE DI S. MARCO
GIARDINI PUBBLICI E BIENNALE
VIALE
RIO
ISOLA DI S. ELENA
STADIO S. ELENA
S. ELENA
EX CONVENTO ZITELLE
HOTEL CIPRIANI
CAN. DELLA GRAZIA
TEATRO VERDE
VLE IV NOVEMBRE
V.LE VITT. VENETO
PIAVE

DES MOTS POUR LES PARENTS

Famille : *famiglia*
Enfant(s) : *bambino (i)*
Chaise haute : *seggiolone*
Poussette : *passeggino*
Chauffe biberon : *scaldabiberon*
Lit enfants : *lettino*
Siège auto : *seggiolino auto*
Tarif réduit : *prezzo ridotto*
Aire de jeux : *area di gioco*
Parc : *parco*
Jardin : *giardino*
Balançoire : *altalena*
Toboggan : *scivolo*
Manège : *giostra*
Bonbons : *caramelle*
Glace : *gelato*
Vélo : *bicicleta*
Médecin : *medico*
Pharmacie : *farmacia*

GONDOLE SUR LE GRAND CANAL, DEVANT LA SALUTE

contemporain (impaires), de danse, musique et théâtre (tous les ans).

Fête du Rédempteur
→ *3e w.-e. de juil.*
Feux d'artifice sur la lagune (sam.) ; procession religieuse et régate (dim.).

La Mostra del cinema
→ *Fin août-début sep.*
Célèbre festival international.

Régate historique
→ *1er dim. de sep.*
Courses de bateaux d'antan sur le Grand Canal.

Octobre-novembre

Festival des Jardins
→ *Fin sep.-début oct. www.giardini-venezia.it*
Pour découvrir les jardins privés de Venise !

Fête de la Madonna della Salute
→ *21 nov.*
Célébration de la fin de l'épidémie de peste (1630).

BUDGET

Se loger
Une chambre pour 2 avec sdb : env. 70€.
Pour 3 ou 4 : env. 150€.
Une pizza ou un plat de pâtes : 6-10€.

Se régaler
Des *cicchetti* et des *tramezzini* au comptoir le midi : compter 7-10€.
Un repas le soir : 20-50€ (*antipasti*, *primo* ou *secondo*, et dessert).
Un *caffè* au comptoir : 1€.
Un chocolat chaud : 2€.
Une glace : 1,50-2€.

Visiter
Une entrée au musée : 5-16€.
Un ticket de *vaporetto* : 7,50€

SE REPÉRER

Venise est un dédale de ruelles, de ponts et de culs-de-sac. Les numéros ne se suivent pas et ne se rapportent pas à la rue, mais au quartier. Pas de côté pair ni de côté impair. Les Vénitiens se réfèrent d'abord au *sestiere*, puis au numéro. Mais il sera plus simple de se repérer avec un nom de ruelle, une église ou un *campo*...

Avec des enfants
S'il n'y a pas de voitures à Venise, il convient de rester attentif au bord des canaux, rarement sécurisés.

Toponymie vénitienne
Ca' (casa) : maison ; *Calle* : rue ; *Chiesa* : église ; *Corte* : cour ; *Campo* : place (sauf les Piazza San Marco et Piazzale Roma) ; *Campiello* : petite place ; *Canale* : canal ; *Fondamenta* : quai ; *Giardino* : jardin ; *Piscina* : rue ou place ayant accueilli une citerne ; *Ramo* : petite rue coudée ; *Rio* : petit canal ; *Rio terrà* : canal comblé et transformé en rue ; *Salizzada* : rue pavée ; *Scuola* : ancien siège d'une confrérie religieuse ; *Sottoportego* : passage couvert

HORAIRES

"Festivi" et "feriali"
Attention, en italien, *giorni festivi* signifie dim. et jours fériés ; *feriali*, jours de semaine.

Églises
→ *En général, lun.-sam. 10h-17h/18h, dim. 13h-17h Visites suspendues pendant les offices*

Musées
→ *Avr.-oct. : 9h-18h/19h ; nov.-mars : 9h-17h Les guichets ferment en général 1h avant les sites*

Poste centrale
→ *San Marco 5016*

CITÉ DES ARTS

Architecture
Plusieurs styles à Venise dus à diverses influences, toujours acclimatées.
Vénéto-byzantin (jusqu'à la fin du XIIIe s.)
La rivale de Constantinople s'inspire de l'art oriental chrétien : **Basilica di San Marco (A** B5)
Gothique
Le plus répandu, avec ses briques apparentes, ses arcs entrelacés et ses loggias ciselées : **Palazzo Ducale (A** B5), **Ca' d'Oro (E** E4).
Renaissance (XVe-XVIe s.)
Élégance, symétrie et harmonie, avec Lombardo – Scuola Grande di San Marco (**A** C2) –, Sansovino – Libreria Sansoviniana (**A** B6) – et Palladio – Basilica di San Giorgio Maggiore (**F** A4).
Baroque (XVIIe s.)
Profusion d'ornements, théâtrale avec Longhena : **Ca' Pesaro (D** D1).
Peinture
G.Bellini (v. 1430-1516)
Une palette et une luminosité lyriques.
Carpaccio (v. 1460-1525)
Ce grand narrateur a su transfigurer le réel.
Lotto (1480-1556)
Un coloriste précieux au regard aiguisé.
Titien (v. 1489-1576)
De l'idéal classique à une mélancolie crépusculaire.
Le Tintoret (1518-1594)
Un fougueux dramaturge du clair-obscur.
Véronèse (1528-1588)
Le maître des grands cycles décoratifs.
G. B. Tiepolo (1696-1770)
Le plus grand décorateur baroque.

ACQUA ALTA

CA'MACANA

Calle de le Acque
Lun.-sam. 8h20-19h05 (12h35 sam.)
Magasins
→ *Lun.-sam. 9h-13h, 15h-19h*

SE RESTAURER

Entre les pizzas, les pâtes et les glaces artisanales, les enfants trouveront forcément leur bonheur à Venise ! Quasiment tous les bars proposent des grignotages salés, parfaits pour une pause le midi. Les Vénitiens prennent généralement *cicchetti* et *tramezzini* au comptoir d'un *bacaro*. À l'heure du goûter, on opte pour l'un des nombreux biscuits locaux. Le soir, dîner plus copieux dans une *trattoria* ou un *ristorante* (penser à réserver pour être sûr d'avoir une table).

Carte, menu
Le repas traditionnel est copieux : après les *antipasti* (hors-d'œuvre), deux plats suivent, le *primo piatto* (pâtes, riz ou soupe) et le *secondo* (viande ou poisson), plus les *contorni* (légumes), le tout suivi d'un *dolce* (dessert). En général, un *antipasto* et un *secondo* (ou *primo*) *piatto* suffisent. Dans ce guide, "plat" indique une fourchette de prix allant des *primi* aux *secondi*.
Établissements
Bacaro : bistrot typique où tout se passe au comptoir
Osteria, trattoria : cuisine traditionnelle simple et authentique
Ristorante : la catégorie supérieure au précédent
Lexique culinaire
Al banco : au comptoir
Cicchetto : bouchée salée
Crostino : mini tartines
Panino : sandwich
Saor : mariné
Spritz : l'apéritif vénitien (vin blanc, eau gazeuse, Aperol)
Tramezzino : sandwich au pain de mie
Suppléments
Sauf dits *tutto compreso*, les prix n'incluent pas le service (+ 12 %), le pain et le couvert (*pane e coperto* + 2€ env.). Attention, la mention *etto* signifie "pour 100 g".
À savoir
Attention, certains établissements n'acceptent pas les cartes bancaires.

ACQUA ALTA

Entre oct. et avr., sous l'effet conjugué des vents et des marées, les hautes eaux submergent Venise pendant quelques heures. Des passerelles (en rouge sur la carte) permettent de circuler en zone inondée, mais des bottes en caoutchouc s'imposent (bottes jetables disponibles dans les kiosques à journaux). La place Saint-Marc étant l'un des points les plus bas de la ville, elle est systématiquement sous l'eau. Rare en 1950, l'*acqua alta* est de plus en plus fréquente. Le projet Moïse (création de digues) suscite des espoirs...

VISITES

Chorus
→ *San Polo 2986*
Tél. 041 275 04 62
***Visites des églises** Lun.-sam. 10h-17h Accès 3€/église, 5€/3 églises (hors Frari)*

1720. Les chocolats chauds sont servis sur plateau d'argent ! Concerts classiques en terrasse (sauf en hiver).

VizioVirtù (A B3)
→ *Castello 5988 Calle Forneri Tél. 041 275 01 49 Tlj. 10h-19h30*
Avis aux fanas de chocolat : on trouve ici tablettes, fruits confits enrobés, dragées, pâtes à tartiner… que l'on peut apprendre à fabriquer avec les enfants (rés. *info@vizio.com*).

Rosa Salva (A C3)
→ *Castello 6779 Campo Santi Giovanni e Paolo*
Tél. 041 522 79 49 Tlj. 8h (8h30 dim.)-20h
Derrière une façade rétro, Rosa Salva confectionne tous les *dolci* locaux. En été, on opte pour une glace artisanale, en hiver pour un chocolat chaud surmonté de chantilly… Terrasse sur le *campo*. D'autres adresses en ville.

On fait des emplettes

Azimuts (A C3)
→ *Castello 6400 Calle dell'Ospedaletto*
Tél. 041 523 42 40 Tlj. 10h-13h, 15h30-19h30
Le repaire des explorateurs en herbe ! Boussoles, maquettes de gondoles, mappemondes, clepsydres, etc.

Giacomo Rizzo (A A3)
→ *Cannaregio 5778 Salizzada San Giovanni Grisostomo*
Tél. 041 522 28 24 Lun.-sam. 8h30-13h, 15h30-19h30
Le temple des pâtes artisanales, des plus classiques aux plus insolites (artichaut, cacao amer, myrtilles…).

Bottiglieria Colonna (A A3)
→ *Castello 5595 Calle della Fava*
Tél. 041 528 51 37 Lun.-sam. 9h-13h, 16h-20h
Vins italiens, mais aussi vinaigres balsamiques ou grappas (eaux-de-vie). On se laisse guider par Mauro, le propriétaire, spécialiste et francophone.

Giovanna Zanella (A B3)
→ *Castello 5641 Calle Carminati*
Tél. 041 523 55 00 Lun.-sam. 13h30-20h
Une créatrice aussi farfelue que sa ligne de souliers ! Les modèles valent une fortune, mais méritent le coup d'œil.

Libreria Acqua Alta (A C3)
→ *Castello 5176/B Calle Lunga Santa Maria Formosa*
Tél. 041 296 08 41 Tlj. 9h-20h
Au milieu coule… un canal ! L'eau entre ici en cas d'*acqua alta*. Qu'à cela ne tienne, les livres sont empilés dans une gondole ou sur des étagères surélevées…

Gianni Basso (A B1)
→ *Cannaregio 5306 Calle del Fumo*
Tél. 041 523 46 81 Lun.-ven. 9h-13h, 14h-18h ; sam. 9h-12h
Avec ses machines datant de l'époque de Gutenberg, la petite imprimerie de Gianni est un véritable musée. Cartes de visite, ex-libris, papier à lettres, à en-tête, etc.

DA ALVISE

CAFFÈ FL

On se régale

Ai Stagneri (A A3)
→ *Calle dei Stagneri Tél. 041 522 73 41 Tlj. 8h-0h (21h lun.)*
Un micro-café niché au creux d'une ruelle, à deux pas du Rialto. L'endroit parfait pour picorer au calme des *cicchetti* ou pour prendre un goûter. *Cicchetto* 1-6€.

Cip Ciap (A B4)
→ *Castello 5799/A Calle del Mondo Nuovo*
Tél. 041 523 66 21 Mer.-lun. 9h-21h
Un grand choix de parts de pizzas, des tourtes salées ou encore des *arancini* (boules de riz farcies), à emporter sur le Campo Santa Maria Formosa, tout proche. 1,50-5€.

Rosticceria San Bartolomeo (A A3)
→ *San Marco 5424 Calle della Bissa Tél. 041 522 35 69 Tlj. 9h-21h30*
Une cantine populaire ! Son principe ? On garnit son assiette de spécialités choisies dans la vitrine : *sarde in saor*, calamars frits, polenta... À emporter pour les petits creux : la *mozzarella in carrozza* (panée), un régal. Plat 4 (friture)-22€.

Al Giardinetto da Severino (A C4)
→ *Castello 4928 Salizzada Zorzi Tél. 041 528 53 32*
Ven.-mer. 12h-15h, 19h-22h
Dans le patio, à l'ombre appréciable d'une vigne grimpante, ou sous la voûte d'un palais du XVe s., la cuisine vénitienne est à l'honneur ! Plat 10-22€.

Da Alvise (A C1)
→ *Cannaregio 5045/A Fondamente Nove*
Tél. 041 520 15 15 Tlj. 12h-14h30, 19h-22h30
Les fines et croustillantes pizzas de cette trattoria se croquent au bord de la lagune, sur une terrasse face à l'île San Michele. Aussi des pâtes. Plat 13-15€.

Ai Barbacani (A B3)
→ *Castello 5746 Calle del Paradiso*
Tél. 041 521 02 34 Mar.-dim. 12h-14h30, 18h-22h
Cet ancien dépôt de charbon mué en restaurant arbore poutres, vieilles pierres, cheminée... et maquettes de bateaux assemblées par le patron. Poulet au citron, soupes, risotto, tiramisu maison. Plat 19-25€.

La Boutique del Gelato (A B3)
→ *Castello 5727 Salizzada San Lio Tél. 041 522 32 83*
Juin-oct. : tlj. 10h30-23h ; nov.-mai : tlj. 10h30-20h30
L'un des glaciers favoris des Vénitiens ! Parmi les spécialités de la maison : les *foccacine con gelato*, des sandwichs fourrés à la crème glacée.

Caffè Florian (A A5)
→ *San Marco 56-59 San Marco 57 (Procuratie Nuove)*
Tél. 041 520 56 41 Avr.-oct. : tlj. 9h-0h ; nov.-mars : lun.-jeu. 10h-21h, ven.-dim. 9h-23h (21h dim.)
... la place Saint-Marc, installé sous

A Piazza San Marco / Castello (ouest)

La place Saint-Marc, son palais des Doges, sa basilique, ses arcades, ses nuées de pigeons... C'est de cette merveilleuse porte d'entrée que peut commencer la conquête de Venise ! Et quelle meilleure introduction qu'une vue à vol d'oiseau du haut des 99 m du colossal campanile ? Après la *piazza* et ses trésors, on partira à l'assaut du dédale de ruelles qui s'étire au nord, de palais en églises, et de placettes en petits ponts jetés sur les canaux... En chemin, des glaciers, des pâtisseries et de petits restaurants familiaux pour explorer la gastronomie vénitienne !

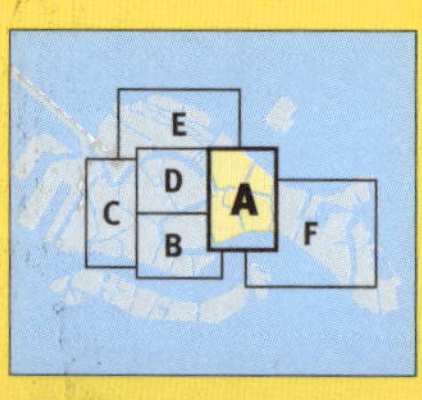

BASILICA DI SAN MARCO

PALAZZO DUCALE

On visite

★ Basilica di San Marco (A B5)
→ *Piazza San Marco Tél. 041 270 83 11 Pâques-oct. : tlj. 9h45 (14h dim.)-17h ; nov.-Pâques : lun.-sam. 9h45-17h, dim. 14h-16h*
La belle Orientale (XIe s.) et ses cinq dômes déployés vers le ciel, formidable symbole de cette cité conquérante et de l'influence byzantine à Venise. À l'intérieur ? 4 000 m² de mosaïques dorées tapissent les murs et les voûtes (éclairées chaque jour à 11h30). Et ce n'est pas tout : un trésor comme dans un livre d'aventures, une *Pala d'Oro* (retable d'or) décorée de 3 000 pierres précieuses... La basilique Saint-Marc est un bijou ! ❓ ***Que peut-on voir au-dessus du porche principal ?*** ***Les célèbres chevaux de Saint-Marc !***

★ Palazzo Ducale (A B5)
→ *Piazzetta San Marco Tél. 041 271 59 11 Tlj. 8h30-19h (17h30 nov.-mars) Ateliers familles sur rés. www.visitmuve.it*
Le palais des Doges, autre emblème de la cité, merveille d'architecture gothique (XIVe-XVIe s.) ! Qui était le doge ? Comment s'exerçait le pouvoir à Venise ? Réponse lors de la fascinante visite, de la cour bordée de loggias aux appartements ducaux, en passant par les cachots et le fameux pont des Soupirs... ❓ ***À quoi servaient les "bouches de la vérité", telle celle située dans la loggia ?*** ***À glisser les dénonciations anonymes***

★ Museo Correr (A A5)
→ *Piazza San Marco, 52 Tél. 041 240 52 11 Tlj. 10h-19h (17h nov.-mars) Ateliers pour enfants sur www.visitmuve.it*
Toute l'histoire de Venise ! Dans ce musée éclectique, on verra des objets ayant appartenu au doge, des cartes anciennes, des maquettes navales, mais aussi les appartements où vécut la célèbre Sissi, une riche collection de peintures (XIIIe-XVIe s.), une section archéologique où la Grèce est à l'honneur et, enfin, la Libreria Sansoviniana (1537), bibliothèque recelant de précieux manuscrits... ❓ ***Salle 38, dans Les Deux Vénitiennes, l'un de ses chefs-d'œuvre, quels animaux a représentés Carpaccio ?*** ***2 chiens, 1 perroquet, 1 paon et 2 colombes***

Zoom sur la ville

Bienvenue à Venise ! Y a-t-il ville plus magique, avec son dédale de canaux et de ruelles, ses églises baroques, ses musées grandioses ou intimes, et ses sublimes palais bordant le Grand Canal ? Totalement= piétonne, elle se prête si bien à la découverte en famille ! Comment choisir ce que l'on ira visiter ? Voici une sélection de 10 lieux à ne pas manquer. Tout commence sur la place Saint-Marc, joyau des joyaux, où se dresse le palais des Doges, la basilique, parée de mosaïques dorées, et un vertigineux campanile. Vers le nord, le Rialto, son pont et son vibrant marché, puis le Ghetto Ebraico et ses vieilles synagogues. À l'ouest, la Scuola Grande di San Rocco, ornée des chefs-d'œuvre du Tintoret, et l'église Santa Maria Gloriosa dei Frari. Au sud, de fabuleux musées : les galeries de l'Académie, la collection Peggy Guggenheim, le palais Grassi… Puis à la pointe du Dorsoduro, la Salute, star des cartes postales. À l'est, le quartier de Castello, plus calme, accueille les jardins publics et la Biennale.

Avec Cartoville, la ville s'ouvre à toute la famille !

Se repérer à Venise

A Piazza San Marco / Castello (ouest)

B San Marco / Dorsoduro (est)

C Dorsoduro (ouest)

D San Polo / Santa Croce

E Cannaregio / Ghetto Ebraico

F Castello (est)

BASILICA DI SAN MARCO

COLLEZIONE GUGGENHEIM

RÉGATE HISTORIQUE

LA FENICE

COMMEDIA DELL'ARTE

MUSEO STORICO NAVALE

GALLERIE DELL'ACCADEMIA

La mythique scène d'opéra, deux fois incendiée, deux fois reconstruite, tel un phénix qui renaît de ses cendres. Loges rouge et or, moulures, plafond bleu ciel, lustres... Le rococo dans toute sa splendeur !

...les sciences

Museo di Storia Naturale (D C1)

→ *Santa Croce 1730 Salizzada del Fondaco dei Turchi*
Tél. 041 275 02 06 Juin-oct. : tlj. 10h-18h ;
nov.-mai : mar.-ven. 9h-17h, w.-e. 10h-18h

Un voyage insolite et passionnant à travers les âges et la science ! Dans ce bel édifice dressé au bord du Grand Canal, on pourra admirer des squelettes de dinosaures, une momie, des requins, des poissons des abysses, une chèvre à deux têtes, des fossiles ou encore une impressionnante collection d'insectes... De quoi passionner toute la famille !

...la musique

Museo della Musica (B D2)

→ *San Marco 2603 Tél. 041 241 18 40*
Tlj. 10h-19h www.museodellamusica.com

Un musée de la musique, dans la ville de Vivaldi, installé dans une église ! Dans les vitrines, des partitions originales et des instruments du XVIIe au XXe s. Honneur à la lutherie, avec des spécimens rares. Une section ludique raconte le processus de fabrication d'un violon.

Palazzetto Bru Zane (D B3)

→ *San Polo 2368 Campiello del Forner*
Tél. 041 521 10 05 www.bru-zane.com

Un centre consacré à la musique romantique française ! En 2009, la Fondation Bru a acquis le casino Zane, un lieu de divertissement érigé à la fin du XVIIe s. Des visites guidées gratuites et des concerts y sont aujourd'hui organisés.

...voguer

Venice by Water (A A3)

→ *San Marco, Corte Morosina Tél. 041 528 08 93*
Mai-oct. : tlj. 10h-18h www.venicebywater.com

Puisque Venise est percée de canaux, pourquoi ne pas en profiter pour partir à sa conquête à bord d'un kayak, encadré par des professionnels ? Sous les ponts, le long des canaux ou au large vers les îles de la lagune (les plus aguerris pousseront jusqu'à Murano).

Società Canottieri Bucintoro (B D4)

→ *Dorsoduro 261 Fondamenta Zattere ai Saloni*
Tél. 041 520 56 30 www.bucintoro.org

Un club de canotiers historique ! Créé en 1882, il propose des excursions en barque à rames, en gondole, etc.

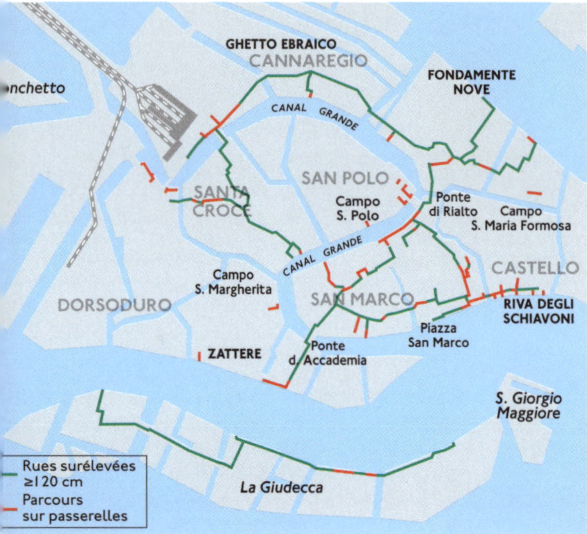

DÉPLACER PENDANT L'ACQUA ALTA

orus Pass 12€/16 églises
éphone, horaires et tarif
iques pour les 16 églises
ées par cette
sociation : S. Stefano,
suati, S. Giacomo
l'Orio, S. M. Gloriosa
i Frari, S. M. dei Miracoli,
M. Formosa... Prévoir de
monnaie pour l'éclairage.

éductions

y Pass Venezia Unica
Tél. 041 24 24 All Venice
Pass 7 j. : 39,90€ (6-28 ans :
90€) www.veneziaunica.it
ss valable aux palais des
ges, musées municipaux
églises Chorus. Options
r le site Internet (*vaporetto,*
ites guidées, wifi...). Tarif
duit pour les familles.

1usei di Piazza San Marco
19€, réduit 12€
rte donnant accès
palais des Doges
aux 3 musées
la place Saint-Marc.

Museum Pass
Valable pour le palais des Doges et les 10 musées municipaux (*musei civici*).

Rolling Card Venice
Pour les 14-29 ans : réductions transports, musées, restaurants...
En vente 6€ dans les offices de tourisme et les bureaux de l'ACTV, la société de transports.

SPECTACLES

Réservation

Venezia Unica
→ *Tél. 041 24 24*
www.veneziaunica.it

Programmes

Venezia News
→ *www.venezianews.it*
Mensuel gratuit (ital./angl.).

Un Ospite di Venezia
→ *Tous les 15 j. Gratuit à l'office de tourisme et dans les hôtels 2 étoiles et plus*
Le guide des portiers d'hôtels (ital./angl.).

EMPLETTES

Marchés

Fruits et légumes
→ *Campo della Pescaria* (**D** E2) *Tlj. 7h-13h*
→ *Campo Santa Margherita* (**C** C4) *Lun.-sam. 7h-19h30*
→ *Rio terrà San Leonardo* (**E** B3) *Lun.-sam. 8h-19h30*

Poissons et crustacés
→ *Fabbriche Nuove et Campo Beccarie* (**D** E2) *Mar.-sam. 7h-13h*

Supermarché

Coop (**D** B2)
→ *Campo S. Giacomo dell'Orio, 1491/A Tél. 041 275 02 18*
Tlj. 8h30-22h

Mode
Les grands noms de la haute couture sont sur les rues Vallaresso (**A** A6) et Larga XXII Marzo (**B** E2).

LE CARNAVAL DE VENISE

→ *Du jour de l'Épiphanie à celui des Cendres (mais l'animation ne bat vraiment son plein que les 10 derniers jours) www.carnevale.venezia.it*
Célèbre dans le monde entier ! Il a connu son apogée sous la République : musique, jeux et théâtre animaient alors l'île pendant six mois. Le carnaval revit depuis 1979 et attire aujourd'hui jusqu'à 100 000 personnes.

Les masques
Ils permettaient d'abolir pour un temps les différences sociales, et de s'encanailler incognito ! Chacun a son histoire, comme le "docteur" au long bec rempli de plantes médicinales ou ceux des personnages de la commedia dell'arte : Arlequin, Colombine, Pantalon...
→ *Marché aux masques du* ***Campo Santo Stefano*** (**B** C2) *le temps des festivités*

À ne pas manquer
Le "vol de l'Ange" par de jeunes filles acrobates, du haut du campanile, le défilé des masques sur la place Saint-Marc, les concours de costumes, les cortèges de barques traditionnelles, les parades, les bals, les spectacles... Apothéose le soir du Mardi gras !

À savourer
Frittelle (beignets aux raisins secs et pignons) et *Galani* (beignet saupoudré de sucre), sucreries typiques du Carnaval.

CARTE DE VISITE

- Capitale de la Vénétie
- 550 km² de lagune
- 58 000 habitants
- Environ 24 millions de visiteurs par an
- 6 *sestieri* (quartiers), traversés par 160 canaux et reliés par 400 ponts

Dates clés

697 Élection du 1er doge
810 Venise devient province byzantine
1204 Fin de l'Empire byzantin
XVe-XVIe s. La Sérénissime est à son apogée
1797 Abolition de la République de Venise par Napoléon Bonaparte
1866 Venise et la Vénétie sont intégrées au royaume d'Italie

PLACE SAINT-MARC

INTERNET

Venise en ligne
→ *www.turismovenezia.it*
Site de l'office de tourisme.
→ *www.comune.venezia.it*
Portail officiel de la ville.
Wifi et cybercafés
La plupart des cafés sont équipés en wifi. Quelques cybercafés et le wifi payant de la Ville de Venise sur *www.cittadinanzadigitale.it*.
Tabaccheria 42 (F A1)
→ *Castello 5235 Calle Lunga Santa Maria Formosa Tél. 041 528 91 69 Lun.-sam. 7h-13h, 15h30-19h30*

INFORMATIONS TOURISTIQUES

Office de tourisme (A A6)
→ *San Marco 71/F Piazza San Marco (Procuratie Nuove) Tél. 041 529 87 11 Tlj. 9h-19h*
Le bureau central. Annexes à l'arrêt de vaporetto San Marco (**A** A6), à la gare Santa Lucia (**C** B1) et à l'aéroport.

TÉLÉPHONE

Indicatifs
France-Italie
→ *Tél. 00 39 (indicatif de l'Italie) + nº de tél.*
Italie-France
→ *Tél. 00 33 (indicatif de la France) + nº de tél. (sans le 0)*
Italie-Italie
→ *Fixes Commencent par l'indicatif de la ville (041 : Venise)*
→ *Portables Commencent par 333, 334, etc.*
Numéros utiles
Urgence médicale
→ *Tél. 118*
Carabinieri / Police
→ *Tél. 112 ou 113*
→ *Police touristique : Tél. 041 520 47 77*
Consulat de France
→ *Tél. 041 522 43 19*

CALENDRIER

Attention, de nombreux établissements sont fermés aux mois de janvier et d'août !
Jours fériés
→ *1er jan., 6 jan. (Épiphanie), lun. de Pâques, 25 avril (Libération), 1er mai, 2 juin (Fête nationale), 15 août, 1er nov., 8 déc. (Immaculée Conception), 25-26 déc.*
Janvier
Concert du Nouvel An
À La Fenice (**B** E2).
Février-mars
Carnaval
→ *Voir encadré orange, page de droite*
Su e Zo Per i Ponti
→ *Un dim. au printemps*
Course à pied "en montant et descendant les ponts".
Avril-mai
Fête de la Saint-Marc
→ *25 avr.*
Course de gondoles pour la fête du patron de la cité
La Sensa
→ *Jour de l'Ascension*
À l'entrée de la lagune, commémoration de l'union de Venise à la mer (dim.). Foire à San Nicolo (Lido).
Mare Maggio
→ *Mi-mai*
3 jours à l'Arsenal pour célébrer la ville qui vit sur l'eau.
Vogalonga
→ *En mai, le dim. suivant l'Ascension*
Régate de Venise à Buran (30 km A/R).
Juin-septembre
Les Biennales
→ *Juin-nov.*
Festivals d'architecture (années paires), d'art

Venise, si on aime...

...l'histoire

Palazzo Ducale (A B5)
→ *Piazzetta San Marco Tél. 041 271 59 11*
Tlj. 8h30-19h (17h30 nov.-mars)
Emblème de la République, siège du pouvoir politique de Venise durant quatre siècles, joyau architectural et artistique, voici l'un des plus beaux édifices de la ville, érigé sur la plus somptueuse des places et au bord du Grand Canal ! La visite du palais des Doges permet d'en comprendre le fonctionnement et le prestige, avec ses salles ornées de toiles de maîtres. Des visites guidées dévoilent l'envers du décor...

Museo Correr (A A5)
→ *Piazza San Marco, 52 Tél. 041 240 52 11*
Tlj. 10h-19h (17h nov.-mars)
L'histoire de la Sérénissime à travers l'art ! Sculptures néoclassiques (Canova), costumes de dignitaires, bronzes, faïences, cartes anciennes... et, bien sûr, la peinture vénitienne (Paolo Veneziano, Vivarini, Carpaccio, Lotto, etc.). Le billet d'entrée inclut la découverte du Musée archéologique, ainsi que de la magnifique Libreria Sansoviniana.

Museo Storico Navale (F C3)
→ *Castello 2148 Riva San Biasio*
Tél. 041 244 13 99 Tlj. 8h45-17h
Le musée d'Histoire navale retrace la splendeur de celle qui fut pendant des siècles l'un des principaux ports maritimes d'Europe. Maquettes de galères, armes diverses, vestiges de bateaux... Une échappée par-delà les mers.

...l'art

Gallerie dell'Accademia (B B3)
→ *Dorsoduro 1050 Campo della Carità*
Tél. 041 522 22 47 Tlj. 8h15-19h15 (14h lun.)
Ouverte au public dès 1817, la plus riche collection au monde de peintures vénitiennes du XIVe au XVIIIe s. Tous les maîtres sont là : Paolo Veneziano et ses polyptyques dorés, Bellini et ses *Vierge à l'Enfant*, Carpaccio et ses récits bibliques, le fameux trio de l'âge d'or Titien-Véronèse-le Tintoret, et puis G.B. Tiepolo et ses envolées rococo, Canaletto et son incomparable lumière...

Collezione Peggy Guggenheim (B D3)
→ *Dorsoduro 704 Calle San Cristoforo*
Tél. 041 240 54 11 Mer.-lun. 10h-18h
Fille de milliardaire américain, Peggy Guggenheim se passionne très tôt pour l'art d'avant-garde. Sa dernière résidence, le palais Venier dei Leoni, devenu un musée, abrite sa prodigieuse collection d'art moderne : œuvres d'artistes majeurs, tels que Picasso, Miró, Dalí ou Bacon. Un "grand" petit musée, prolongé par un jardin accessible aux plus jeunes.

Palazzo Grassi (B B2)
→ *San Marco 3231 Campo San Samuele*
Tél. 041 240 13 08 Mer.-lun. 10h-19h
C'est dans cet élégant palais du XVIIIe s., agencé par Tadao Ando, que l'homme d'affaires François Pinault a installé une partie de sa riche collection d'art contemporain (d'autres œuvres sont exposées à la Punta della Dogana, **B** F3). Expositions temporaires aussi ouvertes à d'autres artistes et d'autres fonds.

...les décors grandioses

Basilica di San Marco (A B5)
→ *Piazza San Marco Lun.-sam. 9h45-17h (16h45 nov.-Pâques), dim. 14h-17h*
La perle de la place Saint-Marc ! Symbole de l'influence byzantine à Venise, la basilique aux cinq dômes fut érigée au XIe s. pour abriter les reliques de saint Marc, ramenées d'Égypte en 828. Les ajouts successifs s'y sont fondus en une des plus savantes symbioses architecturales. À l'intérieur, le pavement de marbre, les statues et les 4 000 m² de mosaïques murales éblouissent. Tout comme la *Pala d'Oro* du XIVe s., "retable d'or" orné de pierres précieuses.

Scuola Grande di San Rocco (D A4)
→ *San Polo 3052 Campo San Rocco*
Tél. 041 523 48 64 Tlj. 9h30-17h30
L'ambition de la Scuola Grande di San Rocco était de secourir les malades, mais elle s'impose aussi comme un chef-d'œuvre du Tintoret : les salles dell'Albergo et Grande recèlent un cycle de toiles bibliques, travail pharaonique réalisé entre 1564 et 1587 par un peintre au sommet de son art.

Chiesa di Santa Maria Gloriosa dei Frari (D A4)
→ *San Polo 3072 Campo dei Frari*
Tél. 041 275 04 62 Tlj. 9h (13h dim.)-18h
Une église colossale ! Édifiée entre 1340 et 1443, elle abrite les sépultures de plusieurs doges et celles d'artistes tels que Titien, Canova ou Monteverdi. Avec sa multitude d'œuvres de maîtres, elle n'a rien à envier aux musées vénitiens... Son joyau ? *L'Assomption* de Titien (1518), qui orne l'autel principal.

La Fenice (B E2)
→ *San Marco 1965 Campo San Fantin Tél. 041 78 66 72*
***Visite** Tlj. 9h30-18h (13h30 si représentation)*
www.teatrolafenice.it

PALAZZO QUERINI STAMPALIA

PIAZZA SAN MARCO

PALAZZO DUCALE / PARCOURS SPÉCIAUX

★ Palazzo Querini-Stampalia (A C4)
→ *Castello 5252 Campo Santa Maria Formosa*
Tél. 041 271 14 11 Mar.-dim. 10h-18h
Un joli palais Renaissance pour une plongée dans l'atmosphère du XVIIIe s. : mobilier d'époque, instruments de musique, mappemondes... Des tableaux de Pietro Longhi et de Gabriel Bella content des scènes de l'histoire et de la vie quotidienne de Venise : une vraie bande dessinée ! Le jardin est un havre de fraîcheur.
? *Comme le montre un tableau de Bella, en quel matériau fut construit le premier pont du Rialto ?* *En bois*

★ Santa Maria Formosa (A B4)
→ *Castello 5263 Lun.-sam. 10h-16h30*
Cette église à trois nefs fut bâtie en 1492 sur les ruines d'un sanctuaire bien plus ancien (VIIe s.) dédié à une Vierge "*formosa*" ("plantureuse"), telle qu'elle serait apparue à l'évêque d'alors ! À voir, un polyptyque (1523) de Palma le Vieux illustrant la vie de sainte Barbe.
? *Quelle est la particularité du mascaron de la porte du campanile ?* *Il fait une grimace !*

★ Scuola Grande di San Marco (A C2)
→ *Castello 6768 Campo Santi Giovanni e Paolo*
Mar.-sam. 9h30-13h, 14h-17h
Derrière une façade magnifique dotée de trompe-l'œil et d'incrustations de marbre se cache une ancienne *scuola* devenue l'hôpital civil de Venise. À l'étage, sous un splendide plafond doré, un musée de la médecine : livres anciens illustrés et d'étonnants instruments de chirurgie... **? *Quel emblème de Venise apparaît sur le plafond de la salle capitulaire ?*** *Le lion ailé*

★ Santa Maria dei Miracoli (A B2)
→ *Cannaregio Campo dei Miracoli Lun.-sam. 10h-16h30*
Un chef-d'œuvre de la Renaissance que les Vénitiens appellent la boîte à bijoux ! Sa façade est incrustée de médaillons de marbre polychrome. Dans la nef, la lumière intense magnifie bas-reliefs et caissons peints de la voûte. **? *Le chœur met en lumière une icône miraculeuse, qui motiva la construction de l'église ; que figure-t-elle ?*** *Une Vierge à l'Enfant*

On se détend

★ Piazza San Marco (A A5)
Son nom évoque à lui seul toute la splendeur de la Sérénissime ! Pour admirer l'éblouissant tableau que forment Piazza et Piazzetta San Marco, on s'assiéra à l'un des deux cafés historiques, emblématiques de la cité – le Caffè Florian et le Quadri –, tandis que les enfants courront après des pigeons peu farouches... Autre option : grimper au sommet du campanile (96 m !). **? *Les Vénitiens évitent par superstition de passer entre les deux colonnes dressées face au Grand Canal ; pourquoi ?*** *C'est là qu'avaient lieu les exécutions capitales*

★ Giardini ex-Reali (A A6)
Une bulle de verdure à deux pas de l'effervescence de San Marco ! De quoi respirer un peu sur un banc, sous les arbres ou devant la fontaine. **? *Qu'abritait au XIXe s. le bâtiment attenant au jardin ?*** *Le palais royal*

★ Campo Santa Maria Formosa (A B3)
Un *campo* vaste et relativement tranquille, bordé de petits palais qui contribuent à lui donner fière allure. Terrasse et petit marché. Idéal pour se détendre avant de repartir à l'assaut des ruelles ! **? *Combien de fenêtres compte le beau Palazzo Vitturi ?*** *25*

Ils s'amusent

★ Palazzo Ducale / Parcours spéciaux (A B5)
→ *Palazzo Ducale, Piazzetta San Marco*
Tél. 041 271 59 11 À partir de 6 ans www.visitmuve.it
Le palais des Doges, version envers du décor ! Deux visites guidées feront le bonheur des familles : "Itinéraires secrets" pour découvrir les prisons, l'armurerie, la salle des tortures, la cellule de Casanova... et "Trésors cachés des doges" pour visiter les salles privées où les doges recevaient leurs invités. Réservation obligatoire en ligne ou sur place la veille de la visite.

CANALE DELLE NAVI
FONDAMENTE NOVE
CALLE LARGA DEI BOTTERI
SCUOLA GRANDE DI SAN MARCO
OSPEDALE CIVILE
BASILICA DEI SANTI GIOVANNI E PAOLO
Campo Santi Giovanni e Paolo
MONUMENTO A B. COLLEONI
PONTE CAVALLO
OSPEDALETTO
BARBARIA DELLE TOLE
CAMPO SANTA MARIA FORMOSA
CHIESA DI SANTA MARIA FORMOSA
PALAZZO QUERINI STAMPALIA
PALAZZO GRIMANI
PALAZZO PISANI
PALAZZO WIDMANN
C.llo Widmann
Campo Santa Marina
Campo S. Lorenzo
S. LORENZO
Campo S. Giustina detto di Barbaria
Campo S. Giustina
RIO DEL FONTEGO
FOND. S. GIUSTINA
RIO DI SANTA GIUSTINA
CALLE CAVALLI
CALLE DELLE CAPPUCCINE
SOTT. E CALLE NICOLÒ MASSA
C. DEL CAFETIER
RIO DI S. GIOVANNI LATERANO
RIO DELLA TETTA
FONDAMENTA CAVAGNIS
CALLE LUNGA STA MARIA FORMOSA
C. LARGA SAN LORENZO
BORGOLOCO S. LORENZO
RIO S. LORENZO
C. S. LORENZO
CORTE NUOVA
C. ZORZI
F. D. S. GIORGIO SCHIAVON
PIETÀ
C. DEI FURLANI
CALLE DEL LION
C. MARUZZI
SAL. ZORZI
FOND. DI S. SEVERO
RIO DI S. SEVERO
C. D. MEZZO
RUGA GIUFFA
C. D. MAGAZEN
C. QUERINI
FOND. DEL RIMEDIO
CPL. CAPPELLO
C. DELL' OSPEDALETTO
C. TETTA
C. PINELLI
C. TREVISANA
C. DEL COCCO DETTO REMER
C. D. VERIER
C. BRESSANE
RIO DEL PARADISO
C. DI BORGOLOCO
C. D. DOSE
F. DEI PRETI
RIO DI S. MARIA FORMOSA
C. DEL PARADISO
C. D. MONDO NUOVO
DA SAN LIO
C. D. BANDE
C. D. PONTE D. ERBE
MARINA
C. D. SQUERO VECCHIO
CALLE GALLINA
RIO DEI MENDICANTI
FONDAMENTA DEI MENDICANTI
CALLE DELLA TESTA
RIO DELLA PANADA
RIO TERRA DEI BIRRI
CORTE DI PALUDO
CALLE DELLO SQUERO
CALLE LARGA BERLENDIS
CALLE STELLA
CALLE DEL FUMO
C. D. CORDONI
C. D. PIETÀ
C. D. VOLTO
C. NUOVA
C. D. DONNA
RIO DEI GESUITI
B
C
D
1
2
3
4

Plan F

VIZIOVIRTÙ

GIACOMO RIZZO

GIANNI BASSO

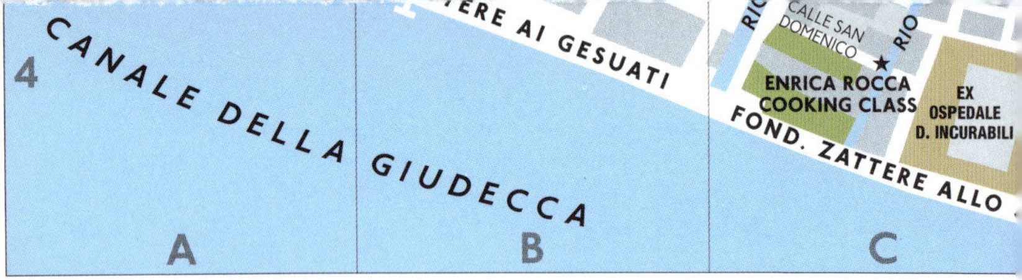

On se régale

Bar alla Toletta (B A3)
→ *Dorsoduro 1191 Calle della Toletta Tél. 041 520 01 96 Tlj. 7h-20h*
Un bistrot de quartier idéal pour déjeuner. Sandwichs chauds, oranges pressées et une ribambelle de *tramezzini*, la spécialité maison. *Tramezzino* 1,60-5€.

All' Angolo (B C2)
→ *San Marco 3464 Campo Santo Stefano*
Tél. 041 522 07 10 Lun.-sam. 7h-21h
Le rendez-vous des employés qui travaillent aux alentours. Large choix de *tramezzini*, de paninis et de salades pour un déjeuner sur le pouce. Petite terrasse face à l'église Santo Stefano. Plat 3,50-12€.

Al Vecio Marangon (B A3)
→ *Dorsoduro Calle della Toletta*
Tél. 041 277 85 54 Tlj. 12h-15h30, 18h-23h
Dans un mouchoir de poche, une adresse chaleureuse baignée de lumières douces. Excellent rapport qualité-prix pour une cuisine inspirée de toute l'Italie. Plat 9-15€.

Osteria Al Bacareto (B C1)
→ *San Marco 3447 Calle Crosera*
Tél. 041 528 93 36 Lun.-sam. 12h-15h, 19h-22h30
Cette charmante *osteria* familiale respire l'authenticité. Plats de poisson, excellents *bigoli in salsa* (gros spaghettis, sauce aux oignons et anchois) ou pizzas pour les enfants. Plat 10-15€.

Trattoria Cherubino (B F1)
→ *San Marco 1702 Frezzeria Tél. 041 522 15 43 Tlj. 11h-23h*
Du cadre à l'assiette, une plongée dans l'atmosphère de Venise ! Au menu, filet de bœuf au gorgonzola, crevettes à l'orange, pizzas ou risottos. Plat 10-25€.

Da Carla (B F2)
→ *San Marco 1535/A Corte Contarina*
Tél. 041 523 78 55 Lun.-sam. 9h-22h30
Une adresse calme et secrète, à deux pas de la place Saint-Marc. Saumon à la crème de poireaux, bœuf au romarin et *cicchetti* en tous genres. Plat 12-23€.

Le Bistrot de Venise (B F1)
→ *San Marco 4685 Calle dei Fabbri*
Tél. 041 523 66 51 Tlj. 12h-15h, 19h-0h
Le service jusqu'à minuit, une rareté à Venise ! Ajoutons à cela un décor de rêve et trois cuisines : traditionnelle, créative, et celle, oubliée, de la Renaissance. Plat 18-34

Marchini Time (B F1)
→ *San Marco 4589 Campo San Luca*
Tél. 041 241 30 87 Tlj. 7h30 (8h dim.)-20h30
À la découverte des pâtisseries vénitiennes ! Des *fave veneziane* (gâteaux à l'amande) aux marrons glacés, en passant par le nougat aromatisé, c'est toujours un régal

Lo Squero (B A3)
→ *Dorsoduro 990 Fondamenta Nani*
Tél. port. 347 269 79 21 Été : tlj. 9h-0h30 ; hiver : tlj. 9h-21h
Les glaces artisanales de Simone attirent les gourmands du monde entier... Leur préférée ? Celle à la pistache !

Gelati Nico (B A4)
→ *Dorsoduro 922 Fondamenta Zattere ai Gesuati*

BAR ALLA TOLETTA

PAOLIN

LE FORCOLE

▲ Plan C

A
B
C
1
2
3
Campo S. Pantalon
S. PANTALON
PALAZZO SIGNOLO--LOREDAN
RIO DI CA' FOSCARI
EX CHIESA DI S. MARGHERITA
PALAZZO DOLFIN
CALLE D. SAONERIA
LARGA FOSCARI
PALAZZO CORNER D. FRESCADA
C. MARCONA
C. BALBI
C. DANDOLO
PALAZZO MARCELLO D. LEONI
PALAZZO CIVRAN--GRIMANI
S. TOMA
PALAZZO PERSICO
S. ANGEL
PALAZZO BALBI (REG. VENETO)
PALAZZO CONTARINI D. FIGURE
PALAZZI MOCENIGO
CALLE DEL GARZONI
C. DEL MAGAZEN
C. D. ASEO
CALLE D. SAONERI
C. FOSCARI
CA' FOSCARI
CANAL
CALLE MOCENIGO
RAMO LEZZE
C. CROSERA
CASA D. VERONESE
PISCINA
Campiello dei Squelini
PAL. GIUSTINIAN
PALAZZO MORO-LIN
C. D. VIDA
C. CAPPELLER
PALAZZO NANI
PALAZZO GRASSI
SAL. S. SAMUELE
C. DELLE BOTTI
C. D. ORBI
C. DELLE MUNEGHE
RIO TERRÀ CANAL
C. BERNARDO
CA' REZZONICO
C. D. CARROZZE
R. MORETTA
C.po S. Samuele
EX CHIESA DI S. SAMUELE
C. SCALATER
S. SAMUELE
FONDAMENTA REZZONICO
RIO DI S. BARNABA
C. D. TEATRO
PALAZZO MALIPIERO
CAMPO SANTO S
F. GHERARDINI
C.po S. Barnaba
S. BARNABA
C. D. TRAGHETTO
CA' REZZONICO
PALAZZO STERN
CORTE DUCA
DUCA
C. FRUTTAROL
C. LUNGA S. BARNABA
MALPAGA
GRANDE
CA' DEL DUCA
RIO D.
S. VIDAL
PALAZZO LOREDAN
RIO F. LOMBAR
RIO DO
C. D. CERCHIERI
PALAZZO LOREDAN
PALAZZO FALIER
CALLE VITTURI
RIO
CHIESA DI S. VIDAL
Campiello Pisani
EX CONVENTO D. EREMITE
C. EREMITE
D. TOLETTA
PALAZZO CONTARINI D. SCRIGNI
PALAZZO GIUSTINIAN--LOLIN
Campiello S. Vidal
FOND. BOLLANI
PALAZZO CAVALLI--FRANCHETTI
C. FORNO
C. DELLA TOLETTA
C. CORFÙ
ACCADEMIA
PONTE D. ACCADEMIA
FOND. D. EREMITE
RIO D. ROMITE
FOND. BORGO
PALAZZO BRANDOLIN
FONDAM. PRIULI
PALAZZO GIUSTINIAN--RECANATI
Campo d. Carità
RIO TERRÀ CARITÀ
GALLERIE DELL' ACCADEMIA
PALAZZO CONTARINI--DAL ZAFFO
DORSODURO
PALAZZO BARBARIGO
C. TREVISAN
S. TROVASO
C. LARGA NANI
C. LARGA PISANI
CALLE S. AGNESE
P. FORNER
PALAZZO CINI
C. D. CHIESA
FONDAM. BONLINI
R. OGNISSANTI
Campo S. Trovaso
RIO D. S. TROVASO
PALAZZO NANI
CALLE POMPEA
PISC. VENIER
CAMPO SAN VIO
PROVVEDITORATO AL PORTO
SQUERO DI S. TROVASO
FONDAMENTA NANI
R. TERRÀ A. FOSCARINI
RIO DI S. VIO
C. S. ZUANE
C. FRANCHI
PALAZZO CLARY
C. DEL MAGAZEN
EX CONVENTO
FONDAMENTA VENIER
S. MARIA D. VISITAZIONE
S. AGNESE
PISC. S. AGNESE
FOND. BRAGADIN
C. CAPUZZI
TERESELLE
C. D. FO
C. NAVAR
C. D. FRATI
C.po S. Agnese
C. D. SQUERO
P.TE LUNGO
FONDAM. ZATT
I GESUATI

B San Marco / Dorsoduro (est)

Ici, le Grand Canal égrène les musées d'exception ! Grands maîtres vénitiens aux galeries de l'Académie, icônes de l'art moderne à la collection Peggy Guggenheim, stars de l'art contemporain au Palazzo Grassi et à la Punta della Dogana... La valse des chefs-d'œuvre est inouïe ! Pour une pause entre deux visites, on arpente les *campi* Santo Stefano et San Vidal, véritables carrefours du quartier. Puis cap au sud sur les Zattere, ces larges quais déployés face à l'île de la Giudecca... Une balade à prolonger jusqu'à l'embouchure du Grand Canal, à l'ombre de la gracieuse Salute.

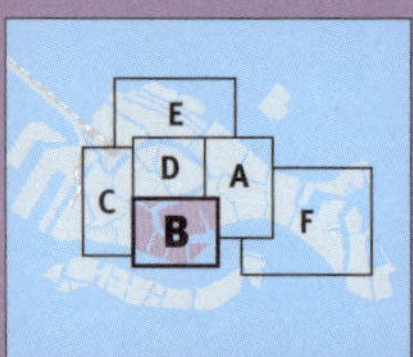

LA SALUTE

GALLERIE DELL'ACCADEMI

On visite

★ La Fenice (B E2)

→ *San Marco 1965 Campo San Fantin Tél. 041 78 66 72*
Visite *Tlj. 9h30-18h (13h30 si spectacle) www.teatrolafenice.it*
L'un des plus beaux et des plus célèbres opéras du monde ! Sa salle rouge et or est la copie parfaite de celle qui vit naître les opéras de Verdi. La visite, avec Audioguide, mène au pied de la scène et dans la loge royale, d'où l'on prend la mesure de ce fantastique décor. ***Au-dessus de la porte d'entrée apparaît l'emblème du théâtre (qui lui donne son nom) ; quel est-il ?*** ***Le phénix, car La Fenice dut par deux fois renaître de ses cendres après un incendie***

★ Palazzo Grassi (B B2)

→ *San Marco 3231 Campo San Samuele*
Tél. 041 240 13 08 ***Expositions*** *Mer.-lun. 10h-19h*
L'un des derniers palais construits (1748-1772) avant la chute de la République de Venise. Tadao Ando a repensé ses intérieurs, qui accueillent des expositions d'art contemporain (sculpture, photo, vidéo, etc.), le plus souvent issues de la colossale collection de l'homme d'affaires français François Pinault. Ateliers autour de l'art le sam. à 15h, pour les 4-10 ans. ***L'escalier dévoile des fresques du XVIIIe s. représentant des personnages au balcon ; comment appelle-t-on cette technique de peinture ?*** ***Le trompe-l'œil***

★ Ca' Rezzonico (B B2)

→ *Dorsoduro 3136 Fondamenta Rezzonico*
Tél. 041 241 01 00 Mer.-lun. 10h-18h (17h nov.-mars)
Voyage au XVIIIe s. dans ce palais richement meublé et décoré de fresques de G.B. Tiepolo. On déambule du boudoir à la chambre à coucher en passant par la superbe salle de bal. Les étages sont consacrés à la peinture (Canaletto, Longhi, Guardi...). ***Quelle boutique se cache au 3e étage ?*** ***Une pharmacie***

★ Gallerie dell'Accademia (B B3)

→ *Dorsoduro 1050 Campo della Carità Tél. 041 522 22 47*
Tlj. 8h15-14h (19h15 mar.-dim.)

COLLEZIONE P. GUGGENHEIM

CAMPO SANTO STEFANO

SOCIETÀ BUCINTORO

Le plus beau des panoramas de la peinture vénitienne ! Du XIVe au XVIIIe s., la ronde des maîtres et de leurs chefs-d'œuvre donne le tournis : Paolo Veneziano, Carpaccio, Titien, le Tintoret, Tiepolo... Petite curiosité, salle 23 : les voûtes et les vitraux révèlent la présence d'une ancienne église. Atelier le dim. pour les enfants. ❓ ***Salle 10, dans Le Repas chez Levi (1573) de Véronèse, quel animal se dissimule sous la table au centre du tableau ?*** *Un chat !*

★ Collezione Peggy Guggenheim (B D3)

→ *Palazzo Venier dei Leoni Dorsoduro 704 Calle San Cristoforo Tél. 041 240 54 11 Mer.-lun. 10h-18h*

Une collection d'art moderne majeure, rassemblée par l'excentrique Peggy Guggenheim dans le palais inachevé Venier dei Leoni (1748), où elle vécut 30 ans au bord du Grand Canal. Œuvres de Dalí, Kandinsky, Calder, Bacon, Pollock... Ateliers le dim. pour les 4-10 ans. ❓ ***Qui étaient Cappuccino, Sir Herbert et Madam Butterfly, enterrés dans le jardin ?*** *Trois des chiens de Peggy Guggenheim*

★ La Salute (B E3)

→ *Dorsoduro 1 Campo della Salute Tél. 041 274 39 28 Lun.-sam. 9h-12h, 15h-17h30 ; dim. 15h-17h30*

À l'embouchure du Grand Canal, la plus imposante expression du baroque vénitien (1687). Elle fut édifiée en hommage à la Madone du Salut, à qui l'on attribue l'éradication d'une épidémie de peste ravageuse (un tiers de la population périt). La façade, ornée de 125 statues, fait écho à un intérieur riche en tableaux de maîtres : Titien, le Tintoret, Palma le Jeune...

❓ ***Comment les Vénitiens dénomment-ils les contreforts du dôme ?*** *Grandes oreilles (orecchioni)*

★ Punta della Dogana (B F3)

→ *Dorsoduro 2 Campo della Salute Tél. 041 240 13 08 Mer.-lun. 10h-19h*

Nouvelle destinée pour l'ancienne douane maritime du XVIIe s. ! Depuis 2009, les immenses entrepôts abritent une partie des œuvres de la Fondation Pinault. Grandes expositions d'art contemporain. Ateliers autour de l'art le sam. après-midi, pour les 4-10 ans. ❓ ***À quoi sert la sculpture qui surmonte la tour ?*** *À indiquer le sens du vent !*

On se détend

★ Campo Santo Stefano (B C2)

Ce vaste *campo* est l'un des plus animés de Venise ! Bordé de terrasses, il est très apprécié des familles : les parents peuvent se détendre autour d'un café, et les enfants se dégourdir les jambes. ❓ ***Au centre, une statue du linguiste Nicolò Tommaseo : pourquoi les Vénitiens l'appellent-ils*** Il Cagalibri ***("qui pond des livres") ?*** *À cause des livres qui tombent de sous son manteau !*

★ Campo San Vio (B C3)

Une placette calme et agréable, pour faire une pause sur un banc ombragé au bord de l'eau, après avoir beaucoup marché. ❓ ***Du ponton, on se penche pour admirer la façade du Palazzo Barbarigo, donnant sur le Grand Canal ; quelle surprise réserve-t-elle ?*** *Elle est ornée de mosaïques*

Ils s'amusent

★ Museo della Musica (B D2)

→ *San Marco 2603 Chiesa San Maurizio Tél. 041 241 18 40 Tlj. 10h-19h www.museodellamusica.com*

Venise, où vécut Monteverdi, et qui a vu naître Verdi, se devait d'avoir un musée de la Musique. Ici, les instruments sont exposés dans une église ! Une section ludique raconte le processus de fabrication d'un violon selon la tradition vénitienne de la lutherie. Concerts, bien sûr.

★ Società Canottieri Bucintoro (B E4)

→ *Dorsoduro 261 Fondamenta Zattere ai Saloni Tél. 041 520 56 30 www.bucintoro.org*

Cette association fondée en 1882 propose des excursions en barque traditionnelle à rames !

★ Enrica Rocca Cooking Class (B C4)

→ *Dorsoduro 568/A Calle San Domenico Tél. 338 634 38 39 Mar., sam. www.enricarocca.com*

Dans le palais familial du XVIIe siècle, une comtesse donne des cours de cuisine pour petits et grands. On peut faire le marché avec elle le matin au Rialto.

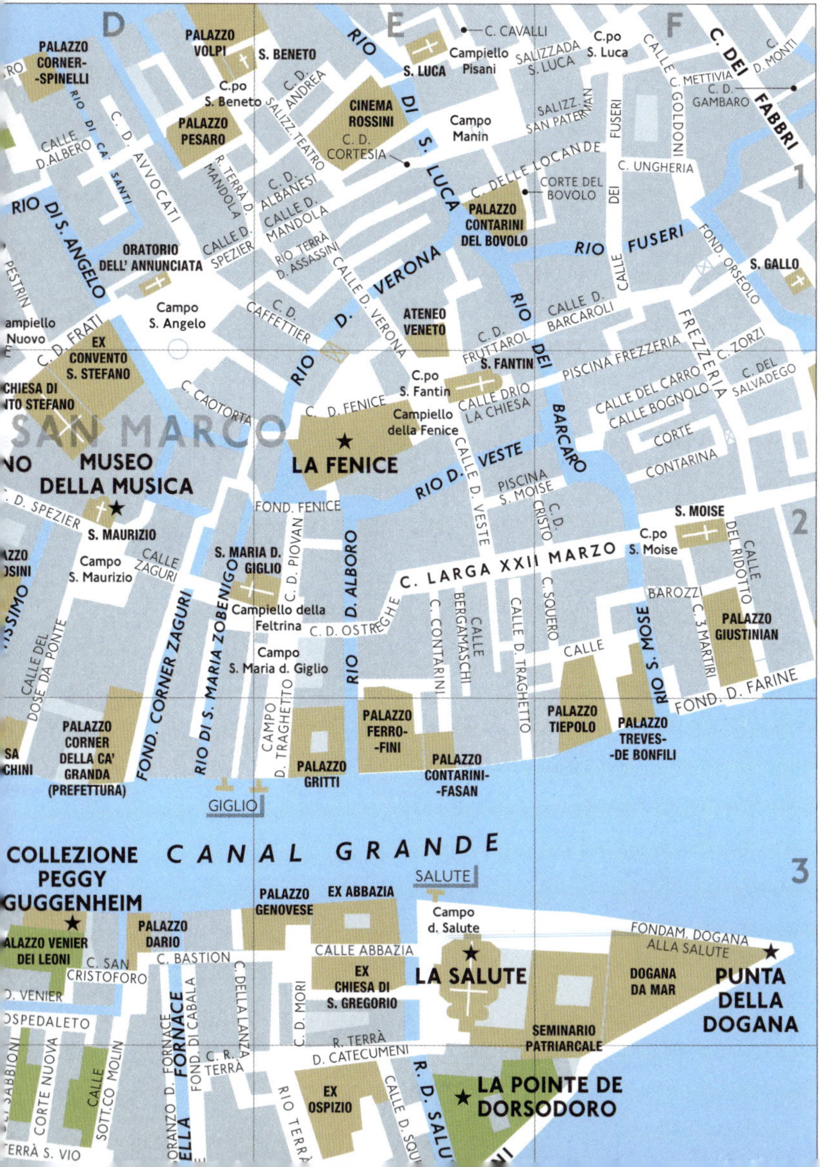

D
E
F
1
2
3
PALAZZO CORNER-SPINELLI
PALAZZO VOLPI
S. BENETO
C.po S. Beneto
PALAZZO PESARO
CINEMA ROSSINI
C. D. CORTESIA
S. LUCA
Campiello Pisani
C. CAVALLI
SALIZZADA S. LUCA
C.po S. Luca
Campo Manin
SALIZZ. SAN PATERNIAN
C. DEI FABBRI
C. METTIVIA
C. D. GAMBARO
C. D. MONTI
CALLE GOLDONI
FUSERI
C. UNGHERIA
C. DELLE LOCANDE
CORTE DEL BOVOLO
PALAZZO CONTARINI DEL BOVOLO
RIO DI S. LUCA
RIO FUSERI
FOND. ORSEOLO
S. GALLO
ORATORIO DELL' ANNUNCIATA
RIO DI S. ANGELO
Campo S. Angelo
Campiello Nuovo
C. D. FRATI
EX CONVENTO S. STEFANO
CHIESA DI SANTO STEFANO
SAN MARCO
MUSEO DELLA MUSICA
S. MAURIZIO
Campo S. Maurizio
CALLE ZAGURI
S. MARIA D. GIGLIO
Campiello della Feltrina
Campo S. Maria d. Giglio
C. D. OSTREGHE
RIO D. ALBORO
LA FENICE
Campiello della Fenice
C. D. FENICE
FOND. FENICE
C.po S. Fantin
S. FANTIN
CALLE DRIO LA CHIESA
RIO D. VESTE
CALLE D. VESTE
PISCINA S. MOISE
C. D. CRISTO
RIO DEI BARCARO
ATENEO VENETO
RIO D. VERONA
CALLE D. VERONA
C. D. CAFFETTIER
C. CAOTORTA
C. D. FRUTTAROL
CALLE D. BARCAROLI
PISCINA FREZZERIA
FREZZERIA
C. ZORZI
C. DEL SALVADEGO
CALLE DEL CARRO
CALLE BOGNOLO
CORTE CONTARINA
C. LARGA XXII MARZO
S. MOISE
C.po S. Moise
CALLE DEL RIDOTTO
BAROZZI
C. 3 MARTIRI
PALAZZO GIUSTINIAN
RIO S. MOSE
FOND. D. FARINE
PALAZZO TIEPOLO
PALAZZO TREVES-DE BONFILI
C. SQUERO
CALLE D. TRAGHETTO
CALLE BERGAMASCHI
C. CONTARINI
PALAZZO FERRO-FINI
PALAZZO CONTARINI-FASAN
PALAZZO GRITTI
CAMPO D. TRAGHETTO
RIO DI S. MARIA ZOBENIGO
FOND. CORNER ZAGURI
PALAZZO CORNER DELLA CA' GRANDA (PREFETTURA)
CALLE DEL DOSE DA PONTE
GIGLIO
CANAL GRANDE
SALUTE
COLLEZIONE PEGGY GUGGENHEIM
PALAZZO VENIER DEI LEONI
PALAZZO DARIO
PALAZZO GENOVESE
EX ABBAZIA
Campo d. Salute
CALLE ABBAZIA
LA SALUTE
EX CHIESA DI S. GREGORIO
FONDAM. DOGANA ALLA SALUTE
DOGANA DA MAR
PUNTA DELLA DOGANA
SEMINARIO PATRIARCALE
C. SAN CRISTOFORO
C. BASTION
C. DELLA LANZA
C. D. MORI
R. TERRÀ
D. CATECUMENI
FORNACE
FOND. DI CABALA
C. R. TERRÀ
OSPEDALETO
CORTE NUOVA
CALLE SOTT.CO MOLIN
EX OSPIZIO
RIO TERRÀ
R. D. SALU
LA POINTE DE DORSODORO
CALLE D. SQU
ERRÀ S. VIO

▶ Plan D

▶ Plan A

. *041 522 52 93 Mai-sep. : tlj. 6h45 (7h30 dim.)-23h30 ;*
t.-avr. : tlj. 6h45 (7h30 dim.)-21h30
ı classique des glaciers vénitiens, au milieu
ɛs paisibles Zattere. Goûter le *gianduiotto* :
ocolat, noisettes et chantilly.

ıolin (B C2)
San Marco 2962 Campo Santo Stefano
. *041 522 55 76 Fév.-oct. : tlj. 9h-20h (0h aux beaux jours)*
ıe vaste terrasse ensoleillée pour siroter l'un
ɛs meilleurs cappuccinos de la cité, pendant
ıe les enfants jouent sur le *campo*.

On fait des emplettes

ınfaluca (B F1)
San Marco 4339 Calle dei Fuseri
. *041 847 6891 Lun.-sam. 8h-20h*
luches, jouets en bois, vaisselle... un concept-store,
ıradis des enfants ! Et des mamans, grâce à une belle
lection d'accessoires et d'objets de déco.

GB (B E2)
San Marco 2514 Campo Santa Maria del Giglio
. *041 523 65 56 Tlj. 10h-18h30*
ɛs personnages en verre de Murano, soufflés en direct !

ıbreria Toletta (B A2)
Dorsoduro 1214 Calle della Toletta
. *041 523 20 34 Tlj. 9h-19h30 (15h30 dim.)*
ıe immense librairie dotée d'une section pour les
fants, avec des jeux et quelques ouvrages en français.

LE BISTROT DE VENISE

Alberto Valese-Ebrù (B C2)
→ *San Marco 3471 Campo Santo Stefano Tél. 041 523 88 30*
Lun.-sam. 10h-13h30, 14h30-19h ; dim. 11h-18h
Alberto produit dans son atelier un beau papier marbré "à la cuve", décliné en agendas, marque-pages, crayons...

Le Forcole (B D4)
→ *Dorsoduro 341 Fondamenta Soranzo della Fornace*
Tél. 041 522 56 99 Lun.-ven. 8h30-12h30, 14h-18h
La *forcola* est le morceau de bois sculpté qui permet de maintenir la rame à l'arrière des gondoles. Dans cet atelier-boutique, on peut voir les artisans à l'œuvre...

FGB

ALBERTO VARESE-EBRÙ

Tél. 348 396 84 66 Mars-juin : tlj. 9h-21h ; juil.-août : tlj. 9h-1h ; sep.-nov. : tlj. 9h-17h
La terrasse idéale pour lézarder au bord de l'eau, face à l'île de la Giudecca, en sirotant une boisson fraîche... Pour les petites faims, *cicchetti* à toute heure.

Fujiyama Beatrice Tea Room (C C5)
→ *Dorsoduro 2727/A Calle lunga San Barnaba*
Tél. 041 724 10 42 Lun.-sam. 11h-19h45 (14h sam.)
Lun.-ven. 11h (14h sam.)-19h45
Qu'il est agréable de se détendre autour d'un thé glacé ou d'un chocolat chaud dans cette jolie cour calme et arborée. Les pâtisseries (tartes et *brownies*) sont faites sur place et le pain frais provient des *forni* (boulangers) du quartier. *Delizioso* !

On fait des emplettes

Naturalia (C C3)
→ *Dorsoduro 3525 Fondamenta del Gaffaro*
Tél. 041 524 37 83 Lun.-sam. 9h30-19h30
Dans cette boutique-épicerie bio, on trouve de tout : biscuits, boissons, nourriture pour bébés, crème solaire, etc.

Ohana (C C3)
→ *Dorsoduro Fondamenta del Gaffaro*
Tél. 041 476 06 42 Lun.-sam. 10h-19h www.ohanavenezia.it
Une librairie, un magasin de jouets, une salle de jeux en libre accès... mais pas seulement ! L'adorable Francesca organise aussi des ateliers ludiques pour les enfants jusqu'à 14 ans, et un itinéraire autour du livre à travers la ville (*thebooktourvenice.com*).

Penny Lane Shop (C C3)
→ *Santa Croce 39 Salizzada San Pantalon*
Tél. 041 524 41 34 Lun.-ven. 9h-12h, 16h30-18h30 ; sam. 16h30-18h30
Une friperie débordant de vêtements, de bijoux et d'accessoires rétros à tous les prix... Il suffit de fouiller !

Elitre (C D3)
→ *Dorsoduro 3949 Crosera San Pantalon*
Tél. 041 099 00 67 Lun.-sam. 10h-13h, 15h-19h30
Ici, les créations les plus farfelues rivalisent d'originalité : escarpins à talons en forme de panda, pendules rigolotes ou bibelots reine d'Angleterre...

Signor Blum (C D5)
→ *Dorsoduro 2840 Campo San Barnaba*
Tél. 041 522 63 67 Tlj. 9h45-13h30, 14h15-19h15
Jeux, monuments vénitiens et cadres réalisés à partir de pièces de bois sculptées et peintes à la main.

Acqua Altra (C C4)
→ *Dorsoduro 2898 Campo Santa Margherita*
Tél. 041 521 12 59 Lun.-sam. 9h30-12h30, 16h-19h30
Produits alimentaires, cosmétiques et objets d'artisanat équitables.

CASIN DEI NOBILI

OKE

On se régale

Osteria Alla Bifora (C C4)
→ *Dorsoduro 2930 Campo Santa Margherita*
Tél. 041 523 61 19 Tlj. 12h-2h
Belle terrasse ou salle égayée de poutres, lustres et vieux instruments de musique... Mets locaux ou copieuses planches de fromage et de charcuterie. Plat 6-15€.

OKE (C C6)
→ *Dorsoduro 1414 Fondamenta Zattere Ponte Lungo*
Tél. 041 520 66 01 Tlj. 11h30-23h (23h30 ven.-sam.)
Murs en brique, publicités rétro... Cette pizzeria familiale évoque plus New York que Venise ! Cuisine simple et efficace, réalisée à base de produits bio, et vaste terrasse sur les Zattere. Plat 8,50-18,50€.

Osteria ai 4 Feri (C C5)
→ *Dorsoduro 2754/A Calle lunga San Barnaba*
Tél. 041 520 69 78 Lun.-sam. 12h-15h, 19h-22h30
Au creux d'une ruelle, un bistrot convivial pour des recettes vénitiennes sans fioritures, autour du poisson et des fruits de mer. Le tout à prix doux ! Plat 11-30€.

Oniga (C D5)
→ *Dorsoduro 2852 Campo San Barnaba Tél. 041 522 44 10 Jan.-fév. : mer.-lun. 12h-14h30, 19h-22h30 ; mars-déc. : tlj. 12h-14h30, 19h-22h30*
Ses murs couverts de lambris donnent à Oniga des allures de chalet cosy. Assiettes raffinées concoctées avec des ingrédients bio. Les plus : les frites maison et la terrasse. Plat 15-20€.

Casin dei Nobili (C D5)
→ *Dorsoduro 2765 Sottoportego del Casin dei Nobili*
Tél. 041 241 18 41 Tlj. 10h-15h, 18h-23h
Pâtes fraîches, pizzas, calamars frits et autres spécialités italiennes. La cour se couvre et se découvre au gré du temps grâce à un plafond amovible ! Plat 15-25€.

Il Doge (C C4)
→ *Dorsoduro 3058/A Rio terrà Scoazzera Tél. 388 102 98 14 Fév.-avr., oct.-nov. : tlj. 10h30-20h ; mai-sep. : tlj. 10h30-0h*
Le meilleur remède en cas de forte chaleur ? La glace italienne bien sûr ! Artisanales et alléchantes, celles-ci se dégustent sur un banc du *campo* voisin...

Tonolo (C D3)
→ *Dorsoduro 3764 Calle San Pantalon*
Tél. 041 523 72 09 Mar.-dim. 7h45-20h (13h dim.)
Animation garantie le matin dans cette pâtisserie incontournable. Le Tout-Venise s'y presse pour engloutir une orange pressée ou un *caffè* au comptoir, avec des *dolci*.

El Chioschetto (C C6)
→ *Dorsoduro 1406 Fondamenta Zattere Ponte Lungo*

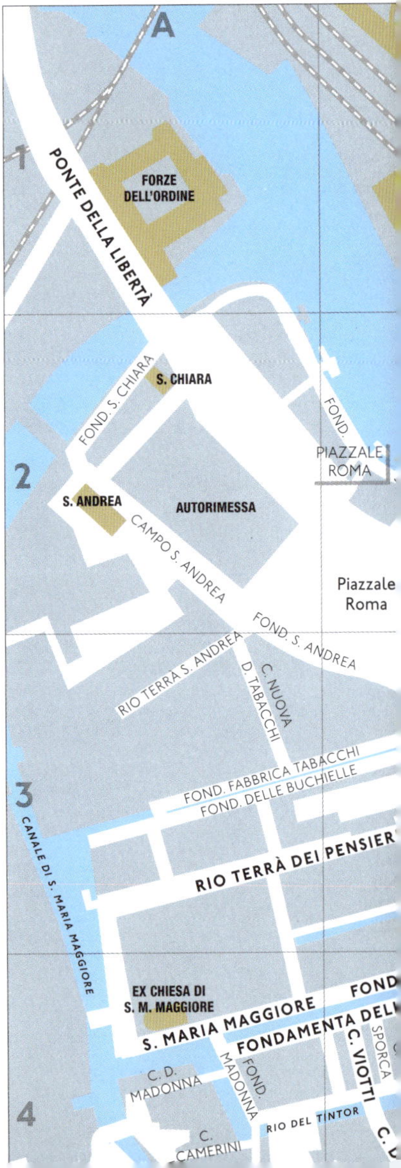

C

Dorsoduro (ouest)

L'ouest de Dorsoduro, un doux visage de Venise, loin des foules et de l'effervescence. Strié de *fondamente* paisibles, moins dense que le reste de la cité, il ne manque pas de charme : ici un marché flottant, là un atelier de réparation de gondoles... Cœur battant du quartier : le Campo Santa Margherita, truffé de restaurants et de bars populaires et estudiantins, prisés en soirée. Au sud, on prend l'air du large le long des Zattere. Au nord, les jardins Papadopoli, le très animé Piazzale Roma et, passé le pont signé Santiago Calatrava, la gare Santa Lucia, porte d'entrée de la ville.

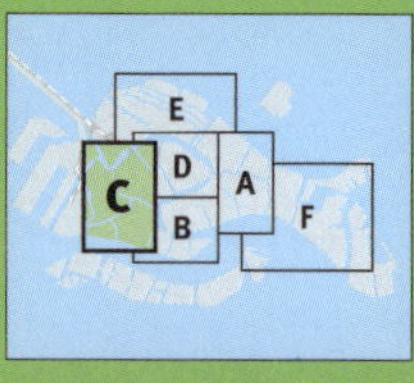

CHIESA DI SAN PANTALON

SQUERO DI SAN TROVASO

On visite

★ Chiesa di San Pantalon (C D3)
→ *Dorsoduro Campo San Pantalon*
Tél. 041 523 58 93 Lun.-sam. 10h-12h, 13h-15h
Une église du XVIIe s. à visiter pour son étourdissant plafond en trompe-l'œil, qui semble prolonger les éléments architecturaux de la nef ! Il fallut 24 ans (1680-1704) à Gian Antonio Fumiani pour réaliser cette gigantesque peinture (l'une des plus vastes au monde) contant le martyre de saint Pantaléon. ❓ ***Où se trouve Pantaléon sur la toile ?*** ***Au-dessus du chœur, c'est le personnage descendant les marches***

★ Scuola Grande dei Carmini (C C4)
→ *Dorsoduro 2617 Campo Santa Margherita*
Tél. 041 528 94 20 Avr.-oct. : tlj. 11h-17h ; nov.-mars : tlj. 11h-16h
Cette *scuola* de carmélites, devenue "*grande*" en 1767, est surtout célèbre pour le plafond de la salle du chapitre. G.B. Tiepolo y peignit neuf toiles représentant les quatre vertus cardinales ou encore Notre-Dame du Carmel. Pour mieux voir ces merveilles, on utilise des miroirs ! ❓ ***Quelles figures (mi-femme mi-poisson) sont sculptées sur la voûte de l'escalier ?*** ***Des sirènes***

★ Chiesa di San Barnaba (C D5)
→ *Dorsoduro, Campo San Barnaba*
Tél. 339 798 54 64 Tlj 9h30-19h30
Une église que les enfants adoreront visiter ! Y sont exposées une quarantaine de machines inspirées des dessins de Léonard de Vinci, et construites avec des matériaux d'époque (bois, bronze, coton...). Visite guidée (en français) uniquement, sur réservation (*paolotarchia@tiscali.it*). ❓ ***Quel était le rôle de l'inclinomètre ?*** ***Vérifier l'équilibre et l'inclinaison des machines volantes***

★ Squero di San Trovaso (C D6)
→ *Dorsoduro 1097 Campo San Trovaso Tél. 041 522 91 46*
Des chalets à Venise ! Au XVIIe s., des artisans originaires du Cadore, dans les Alpes, reconstituèrent leurs maisons en bois au bord de ce canal. Elles abritent toujours un atelier de gondoles, l'un des trois derniers en activité

SCUOLA DEI CARMINI

CAMPO SANTA MARGHERITA

CA' MACANA

à Venise... On y fabrique, répare, nettoie ou calfate les embarcations. Visites en groupe et sur rdv uniquement (*info@squerosantrovaso.com*). Toutefois, si l'on se poste en face, de l'autre côté du quai, on peut voir les artisans à l'œuvre. ❓ ***Les artisans ont reproduit les habitations du Cadore, mais pourquoi ont-ils bâti des hangars ?*** ***Pour protéger les gondoles et le matériel de la pluie***

★ Chiesa di San Sebastiano (C B5)
→ *Dorsoduro 1686 Campo San Sebastiano*
Lun.-sam. 10h30-16h30
Derrière la façade discrète de cette église du XVIe s., Véronèse déploie tout son génie ! Il passa 10 ans (1555-1565) à couvrir les plafonds de l'édifice de toiles sublimes aux couleurs éclatantes, de la nef au chœur, jusqu'à la sacristie où l'on peut admirer son *Couronnement de la Vierge* (1555). ❓ ***À sa demande, le peintre a été enterré dans l'église ; où repose-t-il ?*** ***Au pied de l'orgue***

★ Chiesa dell'Angelo Raffaele (C B5)
→ *Dorsoduro Campo dell'Angelo Raffaele Tél. 041 522 85 48*
Lun.-sam. 10h-13h, 15h-17h30 ; dim. 10h-12h30
Dorures, lustres et moulures... Encore un décor que ne laisse pas présager la sobre façade de cette église ! Chef-d'œuvre : les panneaux du buffet de l'orgue, d'un maître du rococo, Gianantonio Guardi (1699-1760). ❓ ***Au-dessus du portail, un ange (Raphaël) accompagne un garçon (Tobie, dont l'histoire est narrée sur le buffet d'orgue) ; que tient ce dernier dans la main ?*** ***Un poisson***

On se détend

★ Giardini Papadopoli (C B2)
Bordant le Grand Canal et tout près de l'effervescente Piazzale Roma, de grands jardins ombragés, très rares à Venise ! Aire de jeux pour les enfants. ❓ ***À qui est dédiée la statue qui trône dans le parc ?*** ***À Pietro Paleocapa, scientifique et homme politique du XIXe s.***

★ Campo Santa Margherita (C C4)
Restaurants, glacier, cafés, petit marché le matin... Bienvenue sur le *campo* le plus animé de Venise, rendez-vous de la jeunesse vénitienne en soirée ! En famille, on l'appréciera surtout pendant la journée, sur une terrasse ensoleillée. ❓ ***À quel endroit peut-on voir des aigles, des lièvres, un griffon, un poisson et un pélican ?*** ***Sur la porte latérale de la Chiesa dei Carmini, au sud-ouest du campo***

★ Campo San Barnaba (C D5)
Une adorable placette bordant un *rio* sur lequel tangue un marché flottant ! On y trouvera aussi un glacier et plusieurs terrasses. Côté ouest, le Ponte dei Pugni, terrain de lutte de deux factions rivales qui, jusqu'au XVIIIe s., s'y affrontaient aux poings (d'où son nom) sous les cris du public. ❓ ***Que figurent les empreintes de pas, sur le pont ?*** ***La position des lutteurs***

★ Zattere (C C6)
→ *Dorsoduro Canale della Giudecca*
De larges quais pavés, face à l'île de la Giudecca, très agréables pour se promener ou faire une pause goûter. Comme une atmosphère de bord de mer...
❓ ***Le mot zattere signifie "radeaux" ; quel est le lien avec ce quai ?*** ***C'est ici qu'accostaient les radeaux chargés de bois au XVIIe s.***

Ils s'amusent

★ C'era una volta (C D3)
→ *Dorsoduro 3739 Tél. 041 718 899 Lun.-sam. 10h-19h (et dim. nov.-déc.) Cours pour enfants en fév.-juin et sep.-déc.*
Cette boutique de jouets organise des ateliers de création de bijoux, à partir de 8 ans. Sur inscription.

★ Ca' Macana (C D5)
→ *Dorsoduro 3172 Calle delle Botteghe Tél. 041 277 61 42*
Mars-oct. : tlj. 10h-19h30 ; nov.-fév. : tlj. 10h-18h30
Ici, l'on apprend à fabriquer soi-même son masque de carnaval, grâce à une technique inventée il y a 800 ans ! Petits et grands choisissent un modèle en papier mâché, et le décorent à leur guise.

▼ Plan E
▼ Plan D
B
C
D
1
2
3
4
CANAL GRANDE
FERROVIA SANTA LUCIA
CHIESA DEGLI SCALZI
PONTE SCALZI
FERROVIA
FOND. S. LUCIA
Campo di S. Simeone Profeta
S. SIMEONE GRANDE
S. SIMEON PICCOLO
RIVA DI BIASIO
CALLE CORRERA
C. DEL PISTOR
CORTE PISANI
C. SPORCA
LISTA DEI BARI
R. 5° GALLION
CALLE ZEN
C. PO RIELLO
RIO TERRÀ
SALIZZADA ZUSTO
CALLE ORSETTI
C. DELLE SAVIE
CALLE RUGA VECCHIA
RUGA BELLA
C. LUNGA CHIOVERETTE
CAMPIELLO D. COMARE
FOND. DI SAN SIMEON PICCOLO
CALLE DEL TRAGHETTO DI LUCIA
C. DEI BERGAMASCHI
PALAZZO PAPADOPOLI
R. D. CHIOVERETTE
FOND. GRADENIGO
FONDAMENTA RIO MARIN
C. DEI SQUARTAI
C. LARGA DEI BARI
C. D. CROCE
CASA CAPPELLO
C. GRADISCA
C. VENZATO
FOND. RIO MARIN
C. CAPPELLO
RAMO D'OCHE
CORTE CANAL
C. VISCIGA
C. LARGA CONTARINA
C. S. ZUANE
SANTA CROCE
CAMPO DELLA LANA
CORTE CASE NUOVE
FOND. TOLENTINI
FOND. MONASTERO
FOND. CROCE
DELLA
UZIONE
TRAVA)
GIARDINI PAPADOPOLI
RIO NUOVO
SOTTOP. E CORTE BATTOCHIO
CALLE AMAI
R. D. MUNEGHETTE
CALLE DI MEZZO
C. DEL CAMPAZZO
STP. D. LACCA
SCUOLA DI SAN GIOVANNI EVANGELISTA
SAN POLO
C. ZANE
C. DELLA VIDA
Campo San Stin
RIO SAN TOMÀ
Campo d. Tolentini
TOLENTINI
FOND. CONDULMER
FOND. DEL GAFFARO
C. DELLE CHIOVERE
C. DIETRO L'ARCHIVIO
RAMO S. NICOLETO
RAMO CIMESIN
I FRARI
S. ROCCO
C. TINTORETTO
Campo S. Rocco
Campo dei Frari
RIO DELLE SACCHERE
C. FALIER
C. DEL FORNO
SAL. S. PANTALON
FOND. MINOTTO
RIO DEL GAFFARO
FOND. DEL GAFFARO
CORTE DEL GALLO
FOND. MALCANTON
RIO DEL MALCANTON
CALLE VINANTI
SCUOLA GRANDE DI SAN ROCCO
C. D. SCUOLA
SAL. S. ROCCO
C. DEI CORTI
Campo S. Tomà
FONDAMENTA DEL RIO NUOVO
C. D. MISERICORDIA
FOND. DEL RIO NUOVO
C. D. SBIACCA
C. DE BASEGO
Campiello d. Mosche
RIO DELLE MOSCHE
C'ERA UNA VOLTA ★
FOND. D. OMESTA
RIO DELLA FRESCADA
FOND. DEL FORNER
CROSERA S. PANTALON
C. DE LA FRESCADA
A RIZZI
CURATIE
RIO D. BALLE
C. LARGA RAGUSEI
RIO NUOVO
FOND. DEL RIO NUOVO
CHIESA DI SAN PANTALON ★
C. S. PANTALON
CALLE DELLA SAONERIA
C. LARGA FOSCARI
PONTE S. MARGHERITA
Campo San Pantalon
RIO FOSCARI
PALAZZO BALBI
C. CORTE CONTARINI
FONDAMENTA
RIO BRIA
CALLE RAGUSE
C. D. CAFFETIER
C. DEL FORNO
CORTE D. FONDEGO
CAMPO SANTA MARGHERITA
FOND. SCARINI
C. D. SANGI
CAPPELLO
C. D. SAONERI
UNIVERSITÀ CA' FOSCARI
Campiello degli Squellini

▼ Plan B

TONOLO

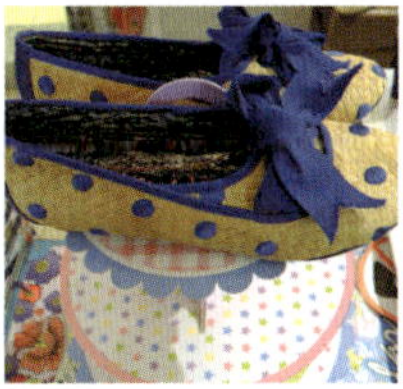

ELITRE

SIGNOR BLUM

On se régale

Acqua e mais (D D3)
→ *San Polo 1411-1412 Campiello dei Meloni*
Tél. 041 296 05 30 Été : tlj. 9h30-20h ;
hiver : mar.-dim. 9h30-20h
Le *fish and chips* à la vénitienne ! Uniquement à emporter, des cornets en papier débordant de poisson frais grillé ou frit, mais aussi de légumes, de polenta, etc. 3,50-5,50€.

Al Nono Risorto (D D2)
→ *Santa Croce 2338 Sotoportego de Siora Bettina*
Tél. 041 524 11 69 Été : jeu.-mar. 12h-15h, 18h-22h30 /
hiver : jeu. 19h-22h30 ; ven.-mar. 12h-15h, 18h-22h30
Fermé jan.
Pâtes, pizzas ou plats traditionnels... le choix est vaste et le rapport qualité-prix excellent. Atmosphère familiale et jardinet intérieur. Plat 6-18€.

La Zucca (D C1)
→ *Santa Croce 1762 Ponte del Megio*
Tél. 041 524 15 70 Lun.-sam. 12h30-14h30, 19h-22h30
Envie de changer des recettes habituelles ? Rendez-vous à La Zucca ! Au menu, flan à la citrouille et ricotta, fondue de poireaux au gorgonzola... Réserver. Plat 9-20€.

Birraria La Corte (D C3)
→ *San Polo 2168 Campo San Polo Tél. 041 275 05 70*
Tlj. 12h-14h30, 18h-22h30
Grandes salades, burgers végétariens, carpaccio de thon... servis au frais entre les murs d'une antique brasserie, ou au soleil sur le *campo*. Plat 11-22€.

Da Ignazio (D B4)
→ *San Polo 2749 Calle Saoneri*
Tél. 041 523 48 52 Dim.-ven. 12h-15h, 19h30-22h30
Ouverte en 1951, voici une institution ! Service soigné, cuisine locale orientée vers la mer. Le must ? Un déjeune sous la pergola ! Plat 25-30€.

Da Fiore (D C3)
→ *San Polo 2202/A Calle del Scaleter*
Tél. 041 72 13 08 Mar.-sam. 12h30-14h30, 19h-22h30
Le temple de la gastronomie vénitienne, dans une jolie salle voûtée qui fait penser à l'intérieur d'un bateau. Raffiné ! Plat 25-35€.

Caffè dei Frari (D B3)
→ *San Polo 2564 Fondamenta dei Frari*
Tél. port. 339 628 98 70 Tlj. 9h-17h
Ce café de quartier est l'un des plus anciens de la ville. Avec son joli décor de bistrot et sa vue imprenable sur l'église des Frari, il se prête parfaitement à une pause goûter (pâtisseries et *cicchetti* à toute heure).

Gelateria Alaska (D A2)
→ *Santa Croce 1159 Calle larga dei Bari*
Tél. 041 71 52 11 Tlj. 10h30-22h30 (20h30 déc.-jan.)
Des glaces aux parfums classiques ou plus originaux (melon vert, artichaut, gingembre, carotte, fenouil), variant au fil des saisons.

Rizzardini (D D3)
→ *San Polo 1415 Campiello dei Meloni*
Tél. 041 522 38 35 Mer.-lun. 7h-20h
Une pâtisserie d'antan avec ses boiseries et ses bocaux

RIZZARDINI

CAFFÈ DEI FRARI

AL NONO RISORTO

A
B
C
1
2
3
CANAL GRANDE
S. GEREMIA
PALAZZO FLANGINI
C. D. SPEZIER
RIVA DI BIASIO
PALAZZO EMO
PALAZZO CORRER-CONTARINI
PALAZZO GRITTI
C.po S. Marcuola
S. MARCUOLA
CA' VENDRAMIN CALERGI
PALAZZO MARCELLO-TODERINI
PALAZZO GIOVANELLI
MUSEO DI STORIA NATURALE
FOND. D. TURCHI
PALAZZO BELLONI BATTAGIA
CA' TRON
PALAZZO PRIULI-BON
PALAZZO DONA-BALBI
PALAZZO GRITTI
PAL. CORNER
CALLE E RAMO ZEN
RIO TERRÀ
C. BEMBO
DEGOLA
C.TE. GIOVANELLI
S. ZAN DEGOLA
SALIZZADA D. FONDACO D. TURCHI
CALLE D. MEGIO
R. CA' TRON
CALLE DANDOLE
CALLE PISANI
C. DEL PISTOR
LISTA D. BARI
S. ZUSTO
Corte Cazza
RIO DI S. ZAN
RIO TERRÀ DELL'ISOLA
PONTE DEL MEGIO
C. DEL TINTOR
CALLE D. FORNO
C. TRON
SALIZZADA DI S. STAE
S. SIMEONE GRANDE
C. GALLION
C. ORSETTI
CALLE SAVIO
C. LARGA
RIO DEL MEGIO
C. COLOMBO
PALAZZO MOCENIGO
S. STAE
FOND. RIMPETTO
C.po S. Simeone Profeta
C. D. SQUARTAI
C. LARGA D. BARI
R. 2° GALL.
CALLE RUGA VECCHIA
CHIESA DI SAN GIACOMO DALL'ORIO
CALLE ZAMBELLI
SAL. CARMINATI
CHIESA DI SANTA MARIA MATER DOMINI
PAL. GRADENIGO
CALLE D. CROCE
Campo N. Sauro
RUGA BELLA
RIO S. GIACOMO D. ORIO
CAMPO SAN GIACOMO DALL'ORIO
RIO DI FOND. D. GRUE
Campo Santa Maria Mater Domini
SANTA CROCE
C. GRADISCA
FOND. RIO MARIN DEI GARZOTTI
RIO MARIN
FOND. RIO MARIN
PALAZZO SORANZO-CAPPELLO
C.po d. Strope
PALAZZO MARIANI
C. D. TINTOR
R. DI S. BOLDO
PALAZZO GRIMANI
C. D. MODENA
RIO DE LA PERGOLA
PALAZZO ZANE
C. DELLA CHIESA
CALLE VISCIGA
C. LARGA CONTARINA
CALLE DELLE OCHE
C. D. OCHE
Campo di S. Agostin
R. TERRÀ SECONDO
C. D. SCALETER
C. SECONDA DEL CRISTO
C. FILOSI
RIO
RIO S. GIACOMO D. ORIO
C. S. ZUANE
PALAZZETTO BRU ZANE
PALAZZO SORANZO-PISANI
RIO DI S. ZUANE
CALLE DELLA LACA
SCUOLA GRANDE DI SAN GIOVANNI EVANGELISTA
C. D. L'OLIO
D. CAFETIER
Campiello del Forner
C. ZANE
C. DELLA VIDA
PALAZZO MOLIN
C. D. CHIESA
PALAZZO BERNARDO
C. BERNARDO
R. D. MADONNETTA
C. D. L'ARCHIVIO
Cpl. de la Scuola S. Giovanni
C. DONA
RIO S. AGOSTIN
R. DI S. POLO
CALLE POZZANA
C. DIETRO L'ARCHIVIO
S. GIOVANNI EVANGELISTA
C.po S. Stin
RIO TERRÀ S. TOMÀ
F. CONTARINI
RIO DI S. STIN
C. LARGA
PALAZZO CORNER
CAMPO SAN POLO
PALAZZO SORANZO
ARCHIVIO DI STATO
EX CONVENTO DEI FRARI
R. S. NICOLETTO
C. NICOLETTO
R. CASSETTI
FONDAMENTA DEI FRARI
PALAZZO ZEN
C. D. FORNO
C. D. ALBANESI
C. CORNER
RIO
PALAZZO MAFFETTI-TIEPOLO
S. POLO
S. ROCCO
C. TINTORETTO
C. D. CASTELFORTE
Campo S. Rocco
Campo d. Frari
RIO DEI FRARI
RIO TERRÀ CAZZA
C. MORO
PALAZZO MOROLIN
SALIZZ. S. POLO
C. MAGAZEN
C. D. MADONNETTA
SALIZZ. S. ROCCO
SCUOLA
CHIESA DI SANTA MARIA GLORIOSA DEI FRARI
C. MALV.
C. SAONERI
R. TERRÀ

D San Polo / Santa Croce

Depuis le IXe s., le Rialto vibre au rythme de la vie marchande de Venise. Son palpitant marché se tient au pied du célèbre pont du même nom, qui relie San Polo aux *sestieri* de San Marco et Cannaregio. Ici, à l'exception des *traghetti*, qui vont et viennent d'une rive à l'autre, il est l'unique moyen de traverser le Grand Canal ! À l'ouest, deux joyaux : l'église Santa Maria Gloriosa dei Frari et la Scuola Grande di San Rocco. Vers le nord, Santa Croce, ponctué de bonnes tables et de terrasses discrètes, coule des jours tranquilles. Autour du Campo San Giacomo dell'Orio fleurissent boutiques vintage et cafés bohèmes.

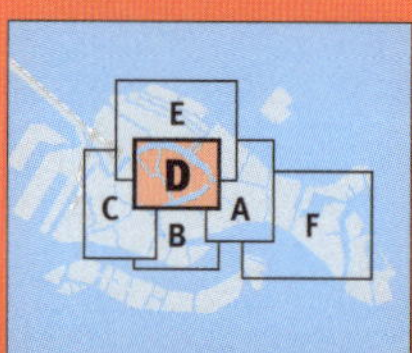

PONTE DI RIALTO

PALAZZO MOCENIGO

On visite

★ Ponte di Rialto (D F3)
Au XIe s., des barques accolées les unes aux autres permettaient de franchir le Grand Canal. Puis on construisit un pont de bois et, au XVIe s., celui-ci, en pierre d'Istrie... Jusqu'au XIXe s., il fut l'unique liaison entre les deux rives. Un symbole de Venise !
? ***Combien de passages piétons possède-t-il ?*** *Trois*

★ Ca' Pesaro (D D1)
→ *Santa Croce 2076 Fondamenta Ca' Pesaro*
Tél. 041 72 11 27 Mar.-dim. 10h-18h (17h nov.-mars)
Niché dans un superbe palais baroque (1679), ce musée abrite des œuvres d'art moderne (Klimt, Chagall...), des peintures vénitiennes du XIXe s. et... une section orientale principalement vouée au Japon (période d'Edo). Ateliers enfants et parcours spéciaux sur réservation (*www.visitmuve.it*). ***?*** ***Comment appelle-t-on les bossages de la façade au rdc ?*** *Des pointes de diamant*

★ Palazzo Mocenigo (D C2)
→ *Santa Croce 1992 Salizzada di San Stae*
Tél. 041 72 17 98 Mar.-dim. 10h-17h (16h nov.-mars)
Pour s'immerger dans le XVIIIe s. ! Dans les salons richement décorés, restés en l'état, des mannequins costumés reconstituent le cadre de vie d'alors. Dans la section consacrée au parfum, un antique laboratoire et des animations interactives. Visites guidées, chasses au trésor et initiations à la création de parfums ! ***?*** ***À quelle famille olfactive appartient la lavande ?*** *La fougère*

★ Museo di Storia Naturale (D C1)
→ *Santa Croce 1730 Salizzada del Fondaco dei Turchi*
Tél. 041 275 02 06 Juin-oct. : tlj. 10h-18h ; nov.-mai : mar.-ven. 9h-17h, w.-e. 10h-18h
L'ancien entrepôt des marchands turcs (XIIIe s.) abrite un fascinant musée d'histoire naturelle. Un véritable voyage à la découverte des plantes, des hommes et des animaux, de la préhistoire à nos jours. Ateliers pour les familles avec enfants dès 5 ans. ***?*** ***Le squelette de quel animal se trouve au pied du dinosaure ?*** *Du crocodile*

CA' GOLDONI

MERCATI DI RIALTO

MAREGA

★ Scuola Grande di San Rocco (D A4)
→ *San Polo 3052 Campo San Rocco*
Tél. 041 523 48 64 Tlj. 9h30-17h30
La plus prestigieuse *scuola* de Venise ! Et pour cause, le Tintoret passa 23 ans (1564-1587) à décorer murs et plafonds de son génial coup de pinceau... Au total, 56 œuvres, dont la fameuse *Crucifixion* (1565), l'une des plus belles toiles sacrées de l'école vénitienne. En 1806, quand Napoléon décréta la dissolution des *scuole*, celle-ci put survivre grâce à la richesse de son patrimoine. ? ***Combien de peintures peut-on admirer au plafond de la salle du haut ?*** *21*

★ Chiesa di Santa Maria Gloriosa dei Frari (D A4)
→ *San Polo 3072 Campo dei Frari*
Tél. 041 275 04 62 Tlj. 9h (13h dim.)-18h
Il fallut plus de cent ans (1340-1443) pour édifier la plus grande église de Venise ! L'intérieur abonde en œuvres d'art, dont la lumineuse *Assomption* (1518) de Titien (dans le chœur) et les 124 superbes stalles de bois de Marco Cozzi (1468). L'édifice est devenu le panthéon des gloires de la cité (Titien, Canova, Monteverdi et plusieurs doges). ? ***Quelle forme particulière a le tombeau de Canova ?*** *Pyramidale*

★ Ca' Goldoni (D B4)
→ *San Polo 2794 Palazzo Centani*
Tél. 041 275 93 25 Jeu.-mar. 10h-17h (16h nov.-mars)
La maison natale du célèbre dramaturge Carlo Goldoni (1707-1793), le "Molière italien", devenu un modeste musée du théâtre. On y admire notamment un magnifique théâtre de marionnettes. Ateliers et parcours spéciaux sur réservation (*www.visitmuve.it*). ? ***Comment s'appelle le genre théâtral réformé par Goldoni ?*** *La commedia dell'arte*

On se détend

★ Mercati di Rialto (D E3)
Jadis centre économique de la cité, où s'échangeaient les marchandises d'Orient et d'Occident, les marchés du Rialto restent une des zones les plus effervescentes de Venise ! Plus d'or ni d'épices, mais une activité toujours aussi intense et colorée. Fruits, légumes et pêche du jour. Y aller tôt. ? ***Que trouve-t-on dans la section "pescheria", située au bord du Grand Canal ?*** *Du poisson*

★ Campo San Giacomo dall'Orio (D B2)
En fin de journée, des familles du quartier s'y retrouvent pour laisser courir les enfants. Dans un coin du *campo*, un potager a été aménagé par l'école voisine. ? ***Que peut-on voir au milieu du potager ?*** *Un épouvantail*

★ Campo San Polo (D C3)
Cette vaste place pavée est LE rendez-vous des petits Vénitiens qui viennent s'y défouler. L'été, s'y déroulent des projections de cinéma en plein air. ? ***Quelle petite construction s'élève au centre du campo ?*** *Un puits (datant du XVe s.)*

Ils s'amusent

★ Teatro Goldoni (D E4)
→ *San Marco 4650/B Calle del Teatro*
Tél. 041 240 20 11 www.teatrostabileveneto.it
Un superbe théâtre de 1622, le plus ancien de Venise encore en activité ! Certains dimanches, des spectacles jeune public et des ateliers pour les familles.

★ Palazzetto Bru Zane (D B3)
→ *San Polo 2368 Campiello del Forner*
Tél. 041 521 10 05 www.bru-zane.com
Le Centre de musique romantique française propose, certains dimanches, des concerts réservés aux familles.

★ Marega (D A4)
→ *San Polo, Calle Larga 240/B*
Tél. 041 717 966 Lun.-ven. 10h-19h (dernier atelier 17h)
Dans cet atelier de costumes, découverte du travail des couturières, au milieu des robes et des masques de carnaval !

CANNAREGIO
SAN POLO
CA' PESARO
MERCATI DI RIALTO
PONTE DI RIALTO
GRANDE
STRADA NOVA
RIO
RIO D. SANTI
S. MARIA MADDALENA
PAL. CORRER-CONTARINI
VIA V. EMANUELE
S. FOSCA
PALAZZO GIOVANELLI
DI NOALE
PALAZZO PAPAFAVA
PALAZZO MOLIN
PALAZZO GUSSONI-GRIMANI
Campo S. Felice
S. FELICE
DI S. FELICE
PALAZZO BOLDU
PALAZZO FONTANA
GALL. ARTE MODERNA
CA' CORNER D. REGINA
CA' D'ORO
CA'D'ORO
PALAZZO SAGREDO
PALAZZO BRANDOLIN
PALAZZO FOSCARI
PALAZZO MICHIEL D. COLONNE
SS. APOSTOLI
C.po dei Ss. Apostoli
SCU. D. ANGELO CUSTODE
S. SOFIA
PESCHERIA
BECCARIE
C.po della Pescaria
C.po Beccarie
FABBRICHE NUOVE
FABBRICHE VECCHIE
CA' DE MASTO
PALAZZO FALIER
C.po Riccardo Selvatico
S. CASSIANO
C.po S. Cassan
SOTTOPORTEGO DI SIORA BETTINA
PALAZZO MUTI-BAGLIONI
C. DEI BOTTERI
DELLE
S. GIOVANNI GRISOSTOMO
S. GIACOMO DI RIALTO
C.po San Giacometto
S. GIOVANNI ELEMOSINARIO
PALAZZO D. CAMERLENGHI
C.po Rialto Nuovo
PALAZZO DIECI SAVI
FONDACO D. TEDESCHI (POSTA E TEL.)
Campiello d. Sansoni
PALAZZO MOLIN-CAPPELLO
PALAZZO SALVIATI
S. APONAL
C.po S. Aponal
S. SILVESTRO
C.po S. Silvestro
Campiello dei Meloni
PALAZZO RAVA
RIVA DEL VIN
RIALTO
S. BARTOLOMEO
C.po S. Bartolomio
PALAZZO DOLFIN-MANIN
SCUOLA GR. DI S. TEODORO
0
20
100 m
D
E
F
1
2
3
▶ Plan E
▼ Plan A

◄ Plan A/B

confiseries. Pour goûter tous les *dolci* vénitiens,
nt les *mori*, des sablés géants aux amandes.

On fait des emplettes

berto Sarria (D E3)
San Polo 777 Ruga Vecchia San Giovanni
041 520 72 78 Été : tlj. 10h-19h ; hiver : lun.-sam. 10h-18h30
ns cette minuscule boutique, des masques
carnaval en abondance ! Alberto les confectionne
place, selon des techniques traditionnelles.

snonni (D C2)
San Polo 2120 Santa Maria Mater Domini
041 476 08 89 Lun.-sam. 11h-19h
magasin haut en couleur : vêtements et accessoires
ginaux, voire totalement décalés, pour petits
grands.

peroowl (D)
Santa Croce 2155/A Calle Seconda del Cristo
041 476 19 74 Mai-sep. : lun.-sam. 8h-18h ;
-avr. : lun.-ven. 8h-18h
icates et surprenantes, les créations en papier de
tiste Stefania Giannici : mobiles, bijoux, fleurs, etc.

p Corner (D C4)
San Polo 1462 Calle della Madonnetta
041 520 75 02 Lun.-sam. 11h-17h30
chée sous un porche, une caverne d'Ali Baba
jouet ancien et de la musique pop. Objets vintage
ollectors !

LA ZUCCA

La Bottega degli Zanni (D C4)
→ San Polo 1459 Calle della Madonnetta
Tél. 327 422 34 58 Tlj. 9h30-20h30
Un atelier où renaissent les personnages
de la commedia dell'arte... en terre cuite
et peints à la main.

Fabriano (D F4)
→ San Marco 4816 Calle del Lovo
Tél. 041 528 69 88 Tlj. 10h-20h (22h en été)
Michel-Ange et Raphaël utilisaient le papier
de Fabriano ! On le trouve ici décliné sous forme
de carnets, de cahiers de coloriage, etc.

LA BOTTEGA DEGLI ZANNI

POP CORNER

◀ Plan C/D

On se régale

La Perla (E F4)
→ *Cannaregio 4615 Rio terrà dei Franceschi*
Tél. 041 528 51 75 Jeu.-mar. 12h-14h30, 19h-22h
Généreuses pizzas mais aussi *fish and chips*, viandes, pâtes ou salades dans une salle aux murs et au plafond couverts d'affiches de cinéma. Plat 7-13€.

Gam Gam (E B2)
→ *Cannaregio 1122 Fondamenta di Cannaregio*
Tél. 366 250 45 05 Dim.-ven. 12h-22h (15h ven.) ; et sam. soir en hiver selon Shabbat : 20h-23h
À la découverte de la cuisine israélienne : assortiments de falafels, houmous et légumes grillés, présentés dans des coupelles en forme de gondoles. Plat 7,50-22€.

Da'a Marisa (E D2)
→ *Cannaregio 652 Fondamenta di San Giobbe*
Tél. 041 72 02 11 Mar., jeu.-sam. 12h-14h30, 19h30-23h ; dim.-lun. 12h-14h30
Pas de chichis dans cette cantine populaire et animée : deux ou trois plats du jour préparés selon les arrivages du marché et annoncés à la volée. On y mange vite et bien, à prix très raisonnable. Menu midi 15€, plat 10-15€.

Da Rioba (E D2)
→ *Cannaregio 2552 Fondamenta della Misericordia*
Tél. 041 524 43 79 Fév.-juil., sep.-déc. : mar.-dim. 12h30-14h30, 19h30-22h30
Pierres apparentes, poutres, tables en bois... Cette *osteria* traditionnelle fait la part belle aux produits de la mer, savamment sublimés par le chef. Plat 11-26€.

Antica Adelaide (E B3)
→ *Cannaregio 3728 Calle Priuli*
Tél. 041 523 26 29 Tlj. 12h30-14h30, 19h30-22h30
De la rue, on peut voir les chefs s'affairer en cuisine à travers une baie vitrée. Demeure historique oblige, le cadre est un brin suranné, mais dans l'assiette, c'est l'innovation qui prime : saumon rôti en croûte de sésame, ravioli poire-parmesan... Plat 11-32€.

Ai Promessi Sposi (E E4)
→ *Cannaregio 4367 Calle dell'Oca Tél. 041 241 27 47 Lun., m 18h30-22h15 ; mar., jeu.-dim. 11h30-14h15, 18h30-22h15*
Excellent rapport qualité-prix pour cette calme *osteria* cachée au fond d'une ruelle. Mets locaux et inoubliabl saumon fumé maison. Plat 12-19€.

Paradiso Perduto (E D2)
→ *Cannaregio 2540 Fondamenta della Misericordia*
Tél. 041 72 05 81 Jeu.-lun. 12h-0h
Quelques tables au bord de la *fondamenta* et une longu salle à la bonne franquette... La spécialité de la maiso Le *gran fritoin* (une friture de poissons) et sa polenta blanche. Concert les soirs de w.-e. : bondé ! Plat 12-29

Dal Mas (E A3)
→ *Cannaregio 150/A Rio terrà Lista di Spagna*
Tél. 041 71 51 01 Tlj. 7h (7h30 dim.)-22h
L'une des plus anciennes pâtisseries de la ville, fondé en 1906 ! Boissons au comptoir et douceurs à emport

Frulalà (E D3)
→ *Cannaregio 2292 Strada Nova*
Dim.-ven. 9h-0h (20h ven. été, 17h ven. hiver), sam. 18h-2h

PARADISO PERDUTO

DAL MAS

NICOLAO ATELIER

A
B
C
1
2
3
CANNAREGIO
CHIESA DI SANT'ALVISE
Campo di S. Alvise
FOND. DEI RIFORMATI
RIO DI S. ALVISE
FONDAMENTA DELLA SENSA
RIO DELLA SENSA
FONDAMENTA DEGLI ORMESINI
RIO DI SAN GIROLAMO
FOND. DELLE CAPPUCCINE
FONDAMENTA DI SAN GIROLAMO
F. C. COLETTI
FONDAMENTA CONTARINI
FONDAMENTA DEL BATTELLO
RIO DEL BATTELLO
RIO DELLE TORRETTE
CAMPO DEL GHETTO NUOVO
GHETTO
MUSEO D'ARTE EBRAICO E SINAGOGHE
SPEZIERIA ALL'ERCOLE D'ORO
TRE ARCHI
PONTE DEI TRE ARCHI
CREA
CANALE DI CANNAREGIO
FONDAMENTA DI CANNAREGIO
FOND. SAVORGNAN
FOND. DI SAN GIOBBE
FOND. VENIER
GUGLIE
PONTE D. GUGLIE
PARCO DI SAVORGNAN
PALAZZO LABIA
Campo S. Geremia
CHIESA DI SAN GEREMIA
RIO TERRÀ SAN LEONARDO
Campo S. Leonardo
RIO TERRÀ FARSETTI
RIO TERRÀ LISTA DI SPAGNA
CANAL GRANDE
RIVA DE BIASIO
RIO TERRÀ
CHIESA DI SAN MARCUOLA
Campo S. Marcuola
S. MARCUOLA
PALAZZO CORRER-CONTARINI
CA' VENDRAMIN CALERGI
STAZIONE F.S. SANTA LUCIA
CHIESA DEGLI SCALZI
PONTE D. SCALZI
FERROVIA
Campo di S. Simeone Profeta
S. SIMEONE GRANDE
SAN ZAN DEGOLA
FONDACO DEI TURCHI
DEPOSITO DEL MEGIO
PALAZZO BATTAGIA
RIO DI SAN ZAN DEGOLA
CALLE PRIULI DEI CAVALLETTI
FOND. CASE NUOVE

E Cannaregio / Ghetto Ebraico

À Cannaregio, les nombreux quais (*fondamente*) sont propices à la flânerie le long des canaux… Au nord, ils s'élargissent et se prêtent aux terrasses de restaurants. Vers l'est, ils offrent le meilleur des points de vue sur la lagune et l'île San Michele, dont les murailles roses abritent le cimetière de Venise. Autour du Campo di Sant'Alvise ou dans l'ancien ghetto juif, le linge sèche en guirlandes multicolores au-dessus des ruelles villageoises et calmes. Au sud, l'ébullition commerçante règne sur la Strada Nova, et le Grand Canal continue d'aligner de sublimes palais.

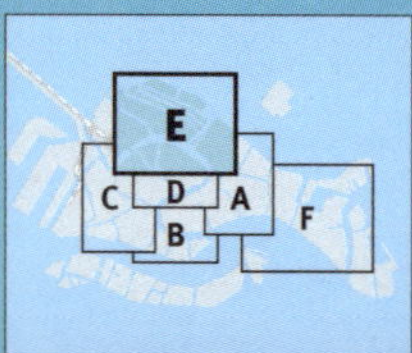

CHIESA DEI GESUITI

MUSEO D'ARTE EBRAICO

On visite

★ Chiesa di San Geremia (E B3)
→ *Cannaregio 334 Campo San Geremia*
Tél. 041 71 61 81 Tlj. 9h-12h, 15h30-18h30
L'église qui abritait à l'origine les reliques de sainte Lucie fut détruite au milieu du XIXe s. pour faire place à la gare. Qu'à cela ne tienne ! Le corps momifié de la jeune martyre disparue en 304 fut transféré ici dans l'église San Geremia, où il repose sous verre. À voir aussi : *La Vierge assiste au couronnement de Venise par l'évêque saint Magnus*, de Palma le Jeune. ***?* La brique indique la partie la plus ancienne de l'édifice (XIIIe s.) ; quelle est-elle ?** *Le campanile*

★ Spezieria All'Ercole d'Oro (E B2)
→ *Farmacia Santa Fosca, Cannaregio 2233 Strada Nova*
Tél. 041 72 06 00 Lun.-ven. 9h-12h30, 15h-19h30 ; sam. 9h-12h30
De prime abord, la pharmacie Santa Fosca semble banale… mais à droite après l'entrée, passer la porte permet de remonter le temps ! On se retrouve alors entre les murs en noyer d'un antique apothicaire, avec ses poutres et ses étagères garnies de fioles et de bocaux…
***?* Quel (superbe) instrument de mesure, indispensable aux apothicaires, voit-on au centre du comptoir ?**
Une balance

★ Museo d'Arte Ebraico e Sinagoghe (E C2)
→ *Cannaregio 2902/B Campo del Ghetto Nuovo*
Tél. 041 71 53 59 Juin-sep. : dim.-ven. 10h-19h ; oct.-mai : dim.-ven. 10h-17h30 ***Visites synagogues*** *Toutes les heures : 10h30-17h30 (16h30 oct.-mai)*
En décrétant le quartier lieu de résidence exclusif des juifs (1516), les autorités vénitiennes créèrent le premier ghetto d'Occident. Contenus dans un espace restreint, les habitants ont dû bâtir les édifices les plus élevés de la ville pour se loger. Le musée d'Art hébraïque conserve objets de culte ou textiles, et un ticket combiné permet de visiter, avec un guide, les cinq synagogues du ghetto, dont, en été, la superbe Scuola Levantina (1538).
***?* Pourquoi les synagogues sont-elles logées au dernier étage des maisons ?** *Car on manquait de place !*

A' D'ORO

CAMPO DEL GHETTO NUOVO

CAMPO DEI MORI

★ Chiesa di Sant'Alvise (E C1)

→ *Cannaregio 3282 Campo di Sant'Alvise*
Lun.-sam. 10h30-16h30

À la vue de la sobre façade, et de sa situation isolée, qui soupçonnerait que cette église renferme tant de splendeurs ? Le plafond du XVIIe s., en trompe-l'œil, semble s'ouvrir sur le ciel ! On y admirera aussi trois toiles de G.B. Tiepolo et huit petits tableaux de Bastiani, *Histoire de l'Ancien Testament*. ❓ ***Au fond, un chœur "suspendu", soutenu par deux fines colonnes ; à quoi servait-il ?*** *Il permettait aux nonnes du couvent voisin d'assister (cachées) aux offices sans passer par l'extérieur !*

★ Chiesa della Madonna dell'Orto (E D2)

→ *Cannaregio 3511 Fondamenta della Madonna dell'Orto*
Lun.-sam. 10h30-16h30, dim. 12h-17h

La façade de briques rouges de cette église conjugue habilement les styles : portail Renaissance, niches romanes aux arcs gothiques. À l'intérieur, un véritable musée Tintoret. Enterré dans la chapelle, il réalisa ici ses plus beaux tableaux (*Le Jugement dernier*, 1562). ❓ ***Sur la façade, combien de statues compte-t-on dans les niches ?*** *12 (les 12 apôtres)*

★ Chiesa dei Gesuiti (E F3)

→ *Cannaregio Campo dei Gesuiti Tlj. 10h-12h, 15h30-17h30*

Les Jésuites, expulsés de Venise en 1606, furent à nouveau admis dans la ville 50 ans plus tard et firent édifier en 1715 cette église qui visait à exalter leurs activités. L'emphase de l'intérieur surpasse encore l'extérieur : chaire drapée de marbres polychromes, baldaquin colossal et, bien cachée, une sacristie parée d'un plafond en bois peint. ❓ ***À quel endroit peut-on voir des angelots ?*** *Dans le chœur*

★ Ca' d'Oro (E E4)

→ *Cannaregio 3932 Calle Ca' d'Oro*
Tél. 041 522 23 49 Tlj. 8h15-19h15 (14h lun.)

Loggias finement ciselées, fenêtres en ogive, pinacles : le plus bel exemple (1440) de gothique flamboyant d'inspiration orientale est à admirer du Grand Canal. À l'intérieur de la "maison d'Or", des tapisseries flamandes, des peintures des écoles vénitienne et florentine... ainsi qu'une série de bronzes du XVIe s. figurant des scènes mythologiques. Dans le cortile, le pavement de mosaïque mérite le coup d'œil. ❓ ***Pourquoi fut-elle baptisée "maison d'Or" ?*** *Car elle était jadis recouverte de fresques peintes à la feuille d'or.*

On se détend

★ Ponte dei Tre Archi (E A2)

Une curiosité au bout du canal de Cannaregio : un joli pont (1688) doté de trois arches de brique, unique à Venise ! ❓ ***Pourquoi ce pont n'a-t-il pas, malgré son élégance, été imité depuis ?*** *Il gêne le trafic des bateaux !*

★ Campo del Ghetto Nuovo (E B2)

Bordé de hautes maisons colorées, paré de bancs et d'une fontaine, le vaste *campo* de l'ancien ghetto juif est idéal pour une pause. ❓ ***Dans le coin sud, une petite façade en bois surmontée d'une tourelle ; de quoi s'agit-il ?*** *D'une synagogue : la Scuola Canton !*

★ Campo dei Mori (E D2)

Une agréable placette, connue pour ses trois statues du XIIIe s. encastrées dans des murs. Elle représentent les frères Mastelli, marchands venus de Morée (Péloponnèse), qui habitaient le quartier au début du XIIe s. Antonio Rioba, le plus célèbre, était le porte-parole des Vénitiens critiquant la République. ❓ ***À quoi reconnaît-on la statue d'Antonio ?*** *À son nez en fer, ajouté au XIXe s.*

Ils s'amusent

★ Parco di Savorgnan (E B3)

→ *Été : tlj. 8h-20h30 ; hiver : tlj. 8h-18h*

Dans ce magnifique parc verdoyant, on trouvera une aire de jeux pour les petits, une table de ping-pong et du gazon pour jouer au ballon à l'ombre des platanes et des châtaigniers !

D
E
F
1
2
3
CANALE DELLE NAVI
ORTO
SACCA DELLA MISERICORDIA
CHIESA DELLA MADONNA DELL'ORTO
Campo della Madonna dell'Orto
SCUOLA DEI MERCANTI
FOND. DELLA MADONNA DELL'ORTO
CAMPO DEI MORI
PALAZZO MASTELLI
SOTTOPORTEGO PORTON DEI MORI
FOND. GASPARO CONTARINI
RIO DELLA SENSA
RIO DEI MUTI
FONDAMENTA DELLA MISERICORDIA
RIO DELLA MISERICORDIA
SANTA MARIA DEI SERVI
ABBAZIA VECCHIA DELLA MISERICORDIA
S. MARIA VALVERDE
CANALE DELLA MISERICORDIA
Campo S. Marziale
Campo della Maddalena
Campo di Sta. Fosca
S. FOSCA
VIA V. EMANUELE
STRADA NOVA
PALAZZO GIOVANELLI
PALAZZO BARBARIGO
PALAZZO GUSSON
PALAZZO FONTANA
S. FELICE
FOND. DI SAN FELICE
RIO DI NOALE
PONTE CHIODO
RIO DELLA RACCHETTA
RIO DI S. ANDREA
RIO DI CA' DOLCE
FOND. S. CATERINA
RIO SANTA CATERINA
FONDAMENTE NOVE
CALLE MARCO FOSCARINI
CHIESA DEI GESUITI
Campo dei Gesuiti
RIO DEI GESUITI
PALAZZO SERIMAN
RIO TERRÀ BARBA FRUTTARIOL
RIO DEI SANTI APOSTOLI
S. STAE
CA' PESARO
PALAZZO CORNER DELLA REGINA
CANAL
CA' D'ORO
RAMO CA' D'ORO
S. SOFIA
Campo S. Sofia
SANTI APOSTOLI
C.llo Widmann
PALAZZO MOROSINI-
▼ Plan A

n kiosque coloré où l'on compose soi-même de élicieux smoothies ou des cocktails de fruits frais.

o Colonne (E C3)
Cannaregio 1814/C Rio terrà del Cristo
l. 041 524 04 53 Tlj. 10h-21h30
uelques tables, une terrasse et moult grignotages ènitiens : *cicchetti*, *tramezzini* et *crostini* (tartines). Idéal our une pause gourmande à tout moment de la journée.

l Parlamento (E A2)
Cannaregio 511 Fondamenta Savorgnan
él. 041 244 02 14 Tlj. 7h30-2h
itué au bord du canal de Cannaregio, à l'écart de la oule, ce bar à la décoration originale (cordes de bateau u plafond) propose boissons, snacks, pâtisseries t un brunch le dimanche. Terrasse près de l'eau.

FRULALÀ

On fait des emplettes

a Stanza di Alice (E F3)
Cannaregio 4799 Rio terrà Barba Fruttariol
él. 348 398 10 47 Lun.-sam. 10h-13h, 16h-19h30
e drôles d'animaux peuplent l'atelier-boutique e Massimiliano Milani ! Patères, porte-crayons, écorations murales pour enfants, pendules...

enevento (E E4)
Cannaregio 3991/3945 Strada Nova
l. 041 522 09 01 Lun.-sam. 9h30-19h
rrazi (tapisseries), brocarts, soieries... les tissus aditionnels vénitiens dans toute leur splendeur !

Nicolao Atelier (E D2)
→ *Cannaregio 2590 Fondamenta della Misericordia*
Tél. 041 520 70 51 Lun.-ven. 9h30-13h, 14h-18h
Un prestigieux atelier de confection où sont exposées des rangées entières de costumes de carnaval et de cinéma.

The Studio in Venice (E B2)
→ *Cannaregio 1152 Calle del Ghetto Vecchio*
Tél. 041 520 89 97 Dim.-ven. 9h30-19h30
Les peintures naïves et colorées de Michal Meron content des scènes de vie de la communauté juive vénitienne.

BENEVENTO

THE STUDIO IN VENICE

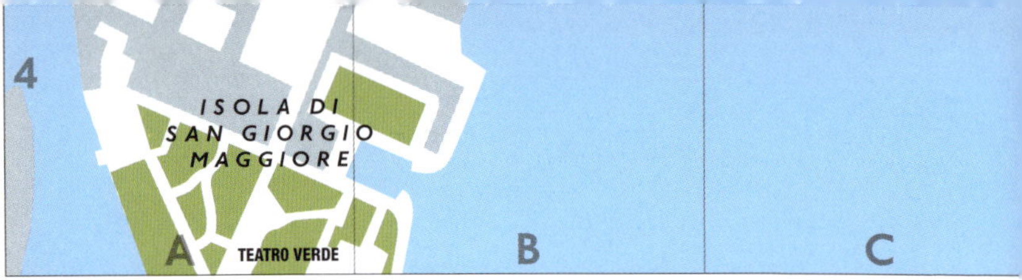

On se régale

Bistrot dell'Osmarin (F A2)
→ *Castello 4976/B Fondamenta dell'Osmarin Tlj. 11h-22h*
Un snack où déguster des produits ultrafrais. *Focaccia*, *cicchetti* et paninis composés de charcuterie et de fromages italiens de qualité. Panini 6-7€.

Al Vecio Canton (F A2)
→ *Castello 4738/A Ruga Giuffa*
Tél. 041 528 71 43 Mer.-lun. 11h30-15h, 18h-22h30
Le pizzaiolo officie ici dans la salle : avec adresse, il fait virevolter sa pâte dans les airs ! Ultralégère, celle-ci est réalisée à l'eau minérale et lève plus de 24h... Plat 7-22€.

Trattoria alla Rivetta (F A2)
→ *Castello 4625 Ponte San Provolo*
Tél. 041 528 73 02 Mar.-dim. 10h30-23h
Au pied d'un pont, une authentique trattoria vénitienne. Les gondoliers amarrent leur embarcation devant la porte pour se sustenter dans une ambiance animée. Plat 8-20€.

Le Spighe (F D3)
→ *Castello 1341 Via Garibaldi Tél. 041 523 81 73*
Lun. 10h-14h30 ; mar.-sam. 10h-14h30, 17h30-19h30
Recettes végétariennes et produits bio dans cette épicerie-traiteur. La formule est simple : on compose son assiette, on paie au poids et on déguste sur place ou dans les jardins voisins ! Plat 10-15€.

Da Remigio (F B2)
→ *Castello 3416 Salizzada dei Greci Tél. 041 523 00 89*
Lun. 12h30-14h30 ; mer.-dim. 12h30-14h30, 19h30-22h
Coquillages et crustacés... Tous les délices de la mer accompagnent pâtes ou risottos à la table de cette trattoria réputée depuis les années 1950. Plat 15-30€.

In Paradiso (F E4)
→ *Castello 1260 Giardini pubblici*
Tél. 041 241 39 72 Mi-fév.-nov. : tlj. 8h-22h (19h lun.)
Cette belle demeure des jardins de la Biennale offre trois terrasses ombragées près de la lagune, dont une sur le toit *Finger food* ou mets plus élaborés (telles les sardines frites au jus d'orange). Menu 11-20€, plat 15-21€.

Oliva Nera (F B2)
→ *Castello 3417/18 Salizzada dei Greci Tél. 041 522 21 70*
Jeu.-mar. 18h30-22h et parfois pour le déj.
À la carte de cette *osteria*, de la cuisine nouvelle à la mode de Venise ! *Bigoli* (épais spaghettis) complets aux anchois, fleurs de courgettes farcies, etc. Plat 15-40€.

Panificio Ferialdi Giovanni (F D3)
→ *Castello 1825 Via Garibaldi Tél. 041 277 10 26*
Lun.-sam. 7h-13h30, 16h-19h30 ; dim. 7h-13h
On trouvera dans cette boulangerie-pâtisserie de quartier d'excellents *bussolà*, les fameux biscuits en forme de S.

Gelateria Mela Verde (F A2)
→ *Castello 4977 Fondamenta dell'Osmarin*
Tél. 349 195 79 24 Mi-fév.-nov. : tlj. 11h-23h (20h oct.-nov.)
Ce glacier réputé fait la part belle aux sorbets de fruits de saison : kiwi, pamplemousse, etc.

Birreria Forst (F A2)
→ *Castello 4540 Calle delle Rasse Tél. 041 523 05 57 Tlj. 9h-o*

PANIFICIO FERIALDI GIOVANNI

AL VECIO CANTON

TRATTORIA ALLA RIVETTA

A
B
C
1
2
3
SANTI GIOVANNI E PAOLO
OSPEDALETTO
BARBARIA DELLE TOLE
CHIESA DI SAN FRANCESCO DELLA VIGNA
FOND. CASE NUOVE
CELESTIA
CALLE SAGREDO
Campo San Francesco della Vigna
Campiello della Confraternita
Campo della Celestia
Campo S. Giustina detto di Barbaria
Campo S. Giustina
FOND. DI S. GIUSTINA
RIO DI SANTA GIUSTINA
RIO DEL FONTEGO
RIO DI S. FRANCESCO
RIO DI S. GIOVANNI LATERANO
RIO DELLA TETTA
S. LORENZO
Campo S. Lorenzo
Campo S. Ternita
SCUOLA DI SAN GIORGIO DEGLI SCHIAVONI
CALLE DEI FURLANI
FONDAMENTA DI SAN LORENZO
PALAZZO GRIMANI
PALAZZO PRIULI
FOND. DELL' OSMARIN
S. GIORGIO DEI GRECI
RIO DEI GRECI
RIO DELLA PIETÀ
Campo S. Provolo
LIBRERIA BETTINI
Campo S. Zaccaria
CHIESA DI SAN ZACCARIA
LA PIETÀ
Campo Bandiera e Moro
S. GIOVANNI IN BRAGORA
Campiello d. Pescaria
S. MARTINO
Campo dell'Arsenale
ARSENALE
DARSENA ARSENALE VECCHIO
TORRI DELL'ARSENA
BUCINTORO
RIO DELLE GORNE
RIO DELLA CELESTIA
CANALE DELLE GALEAZZE
MONUMENTO A VITTORIO EMANUELE
RIVA DEGLI SCHIAVONI
SAN ZACCARIA
ARSENALE
RIVA CA' DI DIO
RIVA SAN BIASIO
MUSEO STORICO NA
CANALE DI S. MARCO
Campo San Giorgio
BASILICA DI SAN GIORGIO MAGGIORE
SAN GIORGIO

F Castello (est)

Les Vénitiens ont coutume de dire de leur ville qu'elle a la forme d'un poisson, avec pour dorsale le *sestiere* de Cannaregio et pour queue celui de Castello ! Voici donc l'extrémité de Venise, une île dans l'île, un quartier à part entière encore habité par quelques Vénitiens de souche, et qui a conservé son âme populaire. Au nord-ouest, de l'église San Zaccaria à celle de San Francesco della Vigna, pullulent très bonnes *osterie* et petites boutiques. Vers le sud, l'animation retombe, sauf lors de la Biennale d'art contemporain : l'occasion de visiter l'Arsenal et ses chantiers déchus, et les fameux Giardini Pubblici.

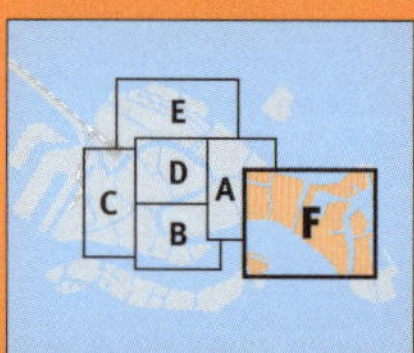

CHIESA DI SAN ZACCARIA

TORRI DELL'ARSENALE

On visite

★ Chiesa di San Zaccaria (F A2)

→ *Castello 4693 Campo San Zaccaria*
Tél. 041 522 12 57 Lun.-sam. 10h-12h, 16h-18h ; dim. 16h-18h
Une fois n'est pas coutume, ce n'est pas ici le seul plafond, mais les parois qui sont couvertes de peintures ! À voir, un retable très poétique de Bellini (*La Vierge à l'Enfant trônant*, 1505), et la chapelle d'Or, avec ses éblouissants polyptyques dorés.
***?* Pourquoi est-il si difficile de visiter la crypte ?**
Elle est presque toujours inondée !

★ Scuola di San Giorgio degli Schiavoni (F B2)

→ *Castello 3259/A Calle dei Furlani Tél. 041 520 84 46*
Lun. 13h30-17h30, mar.-dim. 9h30-17h30 (13h30 dim.)
Cette *scuola* (1451) intime ne compte que deux salles, mais elle renferme un fabuleux cycle de toiles de Carpaccio, illustrant la vie des saints protecteurs de l'influente confrérie des Esclavons (Schiavoni). La plus célèbre : *Saint Georges et le dragon* (1507).
?* Avec quelle arme saint Georges terrasse-t-il le dragon ?** ***Une lance

★ Chiesa di San Francesco della Vigna (F B1)

→ *Castello 2786 Campo San Francesco della Vigna*
Tél. 041 520 61 02 Tlj. 8h-12h30, 15h-19h
Des vignes qui poussaient sur le *campo*, il ne reste que le nom… La façade de l'église, dessinée en 1562 par Palladio, est un modèle de classicisme ! Équilibre et rationalité, harmonie dans l'alternance des volumes… L'intérieur révèle des chapelles décorées d'œuvres de Bellini, Véronèse et Tiepolo.
?* À quel autre campanile fait penser celui de cette église ?** ***À celui de la place Saint-Marc

★ Torri dell'Arsenale (F C2)

Deux tourelles en brique rouge marquent l'accès (maritime) de l'Arsenal ; juste à côté, l'entrée terrestre, superbe portail Renaissance (1460) gardé par deux

MUSEO STORICO NAVALE

RIVA DEGLI SCHIAVONI

SERRA DEI GIARDINI

lions de marbre blanc rapportés de Grèce en 1687. Longtemps zone interdite, aujourd'hui base militaire, la première fabrique industrielle de navires au monde (XIIIe s.), qui assura la puissance commerciale de la Cité des doges, ouvre une petite partie de ses 46 ha au public pendant les Biennales. ❓ ***Combien de lions peut-on voir au total au pied de la tour de gauche ?*** ***20***

★ Museo Storico Navale (F C3)

→ *Castello 2148 Riva San Biasio Tél. 041 244 13 99 Tlj. 8h45-17h*
En route pour un voyage à travers l'histoire navale de la Sérénissime, dont la flotte fut l'une des plus importantes d'Europe ! Galéasses vénitiennes, gondoles (celle de Peggy Guggenheim notamment), instruments de navigation et maquettes, dont celle du *Bucentaure*, le vaisseau d'apparat des doges. ❓ ***Comment s'appellent les ornements qui décoraient les flancs des galères au XVIIe s. ?*** ***Cotela***

★ Chiesa di San Pietro di Castello (F F2)

→ *Castello 72 Campo San Pietro Lun.-sam. 10h-16h30*
Seule sur son île, cette église qui fut la cathédrale de Venise de 1451 à 1807 (avant San Marco) est aujourd'hui un peu oubliée. Pour une tranquille balade hors des sentiers battus... ❓ ***Quelle est la particularité du campanile ?*** ***Comme la tour de Pise... il penche !***

On se détend

★ Riva degli Schiavoni (F A2)

Qu'il est agréable de flâner sur ces larges quais, sous le ballet des mouettes, face à l'île de San Giorgio Maggiore... ❓ ***À l'angle du Rio del Vin se dresse le plus célèbre hôtel de Venise ; quel est son nom ?*** ***Daniel***

★ Viale Garibaldi (F D3)

Au bout de la commerçante Via Garibaldi s'étend une insolite promenade arboré – en fait, de vrais jardins –, bordée de maisonnettes et ponctuée de bancs ! ❓ ***Côté nord, chercher le monument à Giuseppe Garibaldi ; quels animaux y trouve-t-on ?*** ***Un lion (en bronze), des poissons et des tortues (dans le bassin !)***

Ils s'amusent

★ Libreria Bettini (F A2)

→ *Castello 4704/A Campo San Provolo*
Tél. 041 522 05 57 Lun.-sam. 9h-13h (18h lun.-mar., jeu.)
Avec son espace de jeux, le rez-de-chaussée de la bibliothèque Bettini est destiné aux plus petits, tandis que les grands grimpent à l'étage butiner des livres (en italien, en anglais ou en français) !

★ La Serra dei Giardini (F D3)

→ *Castello 1254 Viale Garibaldi*
Tél. 041 296 03 60 www.serradeigiardini.org
Des ateliers pédagogiques sur le thème de l'environnement, proposés aux enfants comme aux adultes, sous la verrière de cette magnifique serre regorgeant de plantes luxuriantes... Aussi, une terrasse sur l'herbe et une cafétéria où l'on peut grignoter des produits bio.

★ Giardini Pubblici (F E4)

→ *Viale dei Giardini Pubblici*
Tél. 041 521 87 11 www.labiennale.org
À la pointe orientale de Castello, l'un des rares jardins publics de Venise, aménagé en 1811 à l'initiative de Napoléon. Paisible en hiver, il s'anime de juin à novembre pour la Biennale d'art contemporain (années impaires, depuis 1895) et celle d'architecture (années paires). Accessibles uniquement lors de ces événements, 29 pavillons édifiés au fil du temps par des architectes de renom (Carlo Scarpa pour le pavillon du Venezuela, Alvar Aalto pour celui de la Finlande...). À cette période aussi, diverses activités sont organisées le dimanche à 15h pour les enfants de 4 à 10 ans. Réservation obligatoire par mail (*promozione@labiennale.org*).

D
E
F
1
2
3
ALE DELLE NAVI
BACINI
CAMPO SPORTIVO
BACINI DI CARENAGGIO
CANALE DI PORTA NUOVA
DARSENA GRANDE
RIO DELLE VERGINI
CANALE DI SAN PIETRO
CHIESA DI SAN PIETRO DI CASTELLO
Campo San Pietro
C. LARGA S. PIETRO
C. D. FIGHER
C. D. TERCO
SALIZZADA STRETTA
RIO SAN DANIELE
ELLO
CORDERIE
FOND. RIELLO FORNER
CALLE MARAFANI
C. SALOMON
C. D. BIANCO
C. S. ANNA
ISOLA DI SAN PIETRO
FOND. QUINTAVALLE
FOND. CASTELOLIVOLO
PONTE DI QUINTAVALLE
CALLE QUINTAVALLE
RIO DELLA TANA
FOND. DELLA TANA
C.TE NUOVA
C. DEL PRETI
C. COLTERRA
C. S. FRANCESCO
SAN FRANCESCO DI PAOLA
FOND. SAN GIOACCHINO
FOND. SANT'ANNA
EX CHIESA DI SANT'ANNA
RIO DI QUINTAVALLE
DI
C. COPPO
C. CABOTO
C. VECCHIA
VIALE GARIBALDI
RAMO I
C. CORRERA
C. CATTAPAN
CALLE DELLE ANCORE
CALLE DELLE FURLANO
RAMO D. NICOL
C. D STUA
CORTE SARESIN
CALLE SAN DOMENICO
C. COLONNE
C.TE COLONNE
C. SCHIAVONA
SECO MARINA
ISOLA DI SANT'ELENA
TE MARTIRI
SERRA DEI GIARDINI
VILLINO CANONICA
FOND. SAN GIUSEPPE
RIO DI SAN GIUSEPPE
S. GIUSEPPE DI CASTELLO
Largo Marinai d'Italia
Campo S. Giuseppe
RIO TERRA DI SAN GIUSEPPE
PALUDO SANT'ANTONIO
C. DIETRO IL GIARDINO
GIARDINI
GIARDINI ...SIZIONE
Largo Decorati al Valor Civile
GIARDINI PUBBLICI
VEMBRE
VIALE 24 MAGGIO

ı pub à la vénitienne, où se retrouvent les gondoliers fin de journée. Bonnes bières, hot dogs et grand choix *tramezzini*.

steria Bacaro Risorto (F A2)
Castello 4700 Campo San Provolo Tlj. 7h30-0h
ficile de trouver une place assise dans ce micro-café... ais les *cicchetti* sont divins ! Aubergines farcies, tartines *baccalà*, beignets de légumes.

On fait des emplettes

arega Atelier (F A2)
Castello 4971 Fondamenta dell'Osmarin
. 041 522 30 36 Tlj. 10h-19h30 (19h dim.)
›s masques de carnaval en papier mâché, décorés r place dans ce superbe magasin. Atelier pour fants sur rdv.

ıimera (F B2)
Castello 3459 Salizzada dei Greci Tél. 041 476 18 09
ı. 10h-13h ; mar.-dim. 10h-13h, 15h-19h
ramiques, boucles d'oreilles, aquarelles, gravures... ntre poétique de l'artiste Ilaria Agesicora Rigoni.

agorà (F B2)
Castello 3496 Salizzada Sant'Antonin
. 041 319 08 64 Lun.-sam. 9h30-19h30, dim. 10h30-18h30
-boutique, mi-galerie d'art, Bragorà expose les œuvres jeunes artistes vénitiens, qui transforment des objets ur en créer d'autres, uniques et originaux. Ceintures en ambres à air, sacs en voile de bateaux, bijoux en acier, etc.

MURANERO

Muranero (F B2)
→ *Castello 3545 Salizzada del Pignater*
Tél. 347 649 79 47 Tlj. 12h-20h
Les perles de verre prennent vie sous le chalumeau de Niang Moulaye, qui mêle avec talent techniques de Murano et inspirations africaines : bracelets, bagues...

Il Mercante Veneziano (F C3)
→ *Castello 2139 Riva San Biasio*
Tél. 041 520 59 90 Tlj. 11h-14h, 15h30-20h30 (23h juin-sep.)
Roberto Bisutti façonne d'élégants articles en cuir (agendas, carnets), de grande qualité. Aussi, papeterie artisanale et reproduction de gravures anciennes.

MAREGA ATELIER

BRAGORÀ

LIAISONS AÉROPORT

Aeroporto Marco Polo
En bus
→ *Départ ttes les 20-30 min vers Piazzale Roma* (**C** B2) *Trajet 20 min Ticket 8€ ou 4€ avec billet touristique*
En bateau (Waterbus)
→ *www.alilaguna.it Départ ttes les 30-60 min Trajet 1h15 vers San Marco Ticket 27€ A/R (25€ sur Internet)*
En taxi
→ *40€ Trajet 20 min* Jusqu'à Piazzale Roma.
En bateau-taxi
→ *110€ Trajet 30 min env.*
Aeroporto di Treviso
En bus
→ *Départ ttes les 25 min Trajet 1h10 Ticket 22€*

BATEAU-TAXI

TRAIN

Gare Santa Lucia (C B1)
→ *Tél. 041 78 56 70 / 89 20 21*
La gare située sur la lagune, à ne pas la confondre avec celle de Venezia-Mestre (sur le continent).
Liaisons ferroviaires
Thello
→ *www.thello.com*
Compagnie privée qui assure la liaison Paris-Venise à la place de la SNCF. Train quotidien de nuit (13h). Cabine pour 2, 3, 4 ou 6 pers.
Orient-Express
→ *Tél. 041 520 53 00 www.orient-express.com*
Pour 24h de trajet haut de gamme, de Paris.

PAR LA ROUTE

En voiture
Parkings obligatoires à l'entrée de la ville.
→ *Tlj. 24h/24 www.veniceparking.it*
Autorimessa Tronchetto
→ *Isola del Tronchetto Tél. 041 520 75 55 Tarif 21€/24h*
Autorimessa Comunale
→ *Piazzale Roma 496 Tél. 041 272 72 11 Tarif 26€/24h*
Parcheggio Sant'Andrea
→ *Piazzale Roma Tél. 041 272 73 04 Tarif 7€/2h*
En bus
Des lignes (ACTV) relient Mestre à Piazzale Roma.
En taxi
→ *Tél. 041 595 20 80*
Pour circuler en dehors de la lagune.

Pour deux 90-115€, pour trois ou quatre 120-150€.

À PARTIR DE 50€

Ai Do Mori (A B5)
→ *San Marco 658 Calle larga San Marco Tél. 041 520 48 17 www.hotelaidomori.com*
À une enjambée de la place Saint-Marc, 14 chambres confortables, certaines avec vue sur le campanile. Chambres familiales jusqu'à 5 pers. Pour deux 50-150€, pour trois 80-160€, pour quatre 110-220€.

Locanda Montin (C D5)
→ *Dorsoduro 1147 Fondamenta di Borgo Tél. 041 522 71 51 www.locandamontin.com*
Face au paisible canal des Romite, des chambres sans fioritures, mais une superbe tonnelle qui accueille le restaurant. Cours de cuisine. Pour deux 50-160€, pour trois 100-180€, pour quatre 160-200€.

Locanda Silva (A B4)
→ *Castello 4423 Fondamenta del Rimedio Tél. 041 522 76 43 Fév.-nov. www.locandasilva.it*
Idéal pour les familles : central, chambres vastes et impeccables, même si l'atmosphère est légèrement surannée. Salle commune à chaque étage. Pour deux 60-140€, pour trois 130-160€, pour quatre 140-180€.

Pausania (B A2)
→ *Dorsoduro 2824 Fondamenta Gherardini Tél. 041 522 20 83 www.hotelpausania.it*
Un superbe palais vénitien du XIVe s. pour un voyage dans le passé : fenêtres gothiques, plafonds en bois, escalier d'époque... et pelouse pour se relaxer. Pour deux 65-240€, pour trois 115-400€, pour quatre 125-450€.

Ca' Turelli (C D5)
→ *Dorsoduro 1162 Fondamenta di Borgo Tél. 348 303 46 88 www.caturelli.it*
Une immense maison de famille de 250 m² ! Trois chambres modernes et sobrement décorées, et un solide buffet de petit déjeuner, dans la grande salle commune. Pour deux 70-130€, pour trois 80-145€, pour quatre 90-160€.

Locanda Sturion (D E3)
→ *San Polo 679 Calle del Sturion Tél. 041 523 62 43 www.locandasturion.com*
Une référence, que ce 3-étoiles installé dans une demeure du XVe s. donnant

AÉROPORTS

Aeroporto Marco Polo
→ *À Tessera, à 13km au nord-est de Mestre, sur la lagune Tél. 041 260 92 60*
Bagages perdus
Tél. 041 260 92 22
Tlj. 9h-19h
www.veniceairport.it
Vols directs de Paris, Lyon, Toulouse, Marseille, Nice, etc.

Aeroporto di Treviso
→ *À Trévise, à 40 km au nord-ouest de Venise Tél. 042 231 51 11*
www.trevisoairport.it
Aéroport d'arrivée des vols *low-cost* (Ryanair, German Wings...).

ACCÈS À VENISE

Sauf mention contraire, les prix indiqués (min.-max.) sont ceux d'une chambre double avec salle de bains (sdb) et petit déjeuner. Ils varient du simple au double selon la période et la durée du séjour ! Malgré la vaste capacité hôtelière de Venise, il faut réserver sa chambre, jusqu'à trois mois à l'avance en juil.-août et en fév. (pour le carnaval). La taxe touristique est à ajouter au prix de la chambre (entre 0,50€ et 5€ par pers. et par jour en fonction de la saison et du type d'établissement).

RÉSERVER !

Associazione Veneziana Albergatori (AVA)
→ *Tél. 041 522 80 04*
www.avanews.it
Chargée d'aider les voyageurs sans logement. Frais de réservation 2€.

LOUER UN APPARTEMENT

Pour vivre quelques jours comme les Vénitiens. Penser aussi aux sites *www.airbnb.fr* et *www.veniceactually.com.*

Casa d'Arno
→ *36, rue de la Roquette Paris (11e) Tél. 01 44 64 86 00 (France)*
www.casadarno.com
Du logement simple au somptueux palais. À partir de 480€ par sem. (selon la saison).

Loc'Appart
→ *75, rue de la Fontaine-au-Roi, Paris (11e)*
Tél. 01 45 27 56 41 (France)
www.locappart.com
Du studio à la maison de ville pour 8 pers. À partir de 76€/j. (selon la saison).

BED & BREAKFAST

Ca' del Sole (E D2)
→ *Cannaregio 3394 Sotoportego Porton dei Mori Tél. 041 722 176*
Deux chambres dans cet agréable appartement où les enfants trouveront des livres et des jeux. Bonus, la propriétaire écrit des ouvrages jeunesse et propose des visites guidées de la ville pour les familles ! Pour deux 80-130€, pour trois ou quatre 150-250€.

Barababao (E F4)
→ *Cannaregio 5835 Campo San Giovanni Crisostomo Tél. 349 877 80 19*
www.barababao.it
Un B&B aux faux airs de pension de famille. Le plus : le calme, à deux pas du Rialto ! 3 chambres. Pour deux 80-150€, pour trois ou quatre 130-300€.

Casa Kirsch (A C5)
→ *Castello 4266 Calle dei Albanesi Tél. 041 528 61 27*
www.casakirsch.com
Couleurs pastel, poutres apparentes, miroirs et lits *king size* dans les trois élégantes chambres de ce B&B d'un nouveau genre. Pour deux 80-320€, pour trois 170-400€, pour quatre 185-440€.

A le Boteghe (B C1)
→ *San Marco 3438 Calle delle Botteghe Tél. 349 197 48 33*
www.aleboteghe.it
Deux chambres doubles et une triple dans ce B&B abrité au 3e étage d'un palais vénitien. Tout le confort et un petit déjeuner copieux, servi avec attention par Clara, la maîtresse des lieux.

On prend l'air !

Pour les grands et les petits, des escapades ludiques et culturelles dans les îles de la lagune !

La Giudecca

→ *Lignes 2, 4.1, 4.2*

Cette île tout en longueur s'étire le long de la rive sud du Dorsoduro. De fait, ses quais offrent une vue imprenable sur Venise ! Ancien lieu de villégiature des familles nobles, puis centre industriel, la tranquille Giudecca donne à voir des maisons patriciennes, des jardins luxuriants, des églises et d'anciennes usines transformées en centre artistique. À faire : une promenade sur la *fondamenta* nord, du Molino Stucky (un colossal édifice en briques devenu hôtel de luxe) jusqu'à l'église des Zitelle, avant de s'engouffrer dans les ruelles, plus populaires. Fin juillet, lors de la fête du Rédempteur, l'église du même nom (il Redentore) est reliée à Venise par un pont de barques !

Ristorante La Palanca

→ *Giudecca 448 Tél. 041 528 77 19*

Derrière une devanture peu avenante, un restaurant réputé et populaire ! En terrasse, face à Venise, on savoure une cuisine simple, principalement à base de poisson. Plat 9-16€.

San Giorgio Maggiore

→ *Ligne 2 Basilique Tél. 041 522 78 27*
Lun.-sam. 9h30-19h (18h oct.-avr.) ;
dim. 8h30-11h, 14h30-18h30 (17h oct.-avr.)

Sur cette petite île calme et verdoyante se dresse l'un des derniers chefs-d'œuvre de Palladio, édifié à partir de 1566. Sa façade aux lignes pures s'inspire des temples de l'Antiquité. À l'intérieur, un chœur décoré de toiles majeures du Tintoret (*La Manne*, mur de gauche, et *La Cène*, à droite) et, dans la salle du Conclave, un retable de Carpaccio (1516). Un ascenseur permet de grimper en haut du campanile (70 m), et de jouir du plus beau des panoramas sur Venise et sa lagune !

Lido

→ *Lignes 1, 5.1, 5.2, 6, 10, 14, 17 (2, 8 l'été)*

Ah, le Lido... le Saint-Trop' des Années folles ! À l'époque, la haute société européenne se pressait sur le sable de cette station balnéaire en vogue. Aujourd'hui, l'île attire les visiteurs pour ses fastueux édifices (dont le célèbre Hôtel des Bains, immortalisé par Visconti en 1971 dans *Mort à Venise*), pour la Mostra, festival qui se tient chaque année au Palazzo del Cinema, et surtout pour ses longues plages où l'on peut se baigner tranquillement dans une eau peu profonde... à 15 min de Venise ! Attention, certaines plages sont payantes.

Le Lido... à vélo !

→ *Venice Bike Rental Lido 79/A Gran Viale*
Tél. 041 526 14 90 Compter 8€/j.

C'est un bonheur de rouler à bicyclette sur ce cordon de terre qui ferme la lagune de Venise et la protège de la mer. Les *murazzi*, digues de pierre datant du XVIIIe s., font des pistes cyclables idéales ! Des parcours plus ou moins longs, mais jamais difficiles, accessibles à tous.

Gelateria da Tita

→ *Gran Viale Santa Maria Elisabetta 60*
Tél. 041 526 03 59 Mi-jan.-fév., nov. : mer.-lun. 7h-22h ; mars-avr., oct. : tlj. 7h-22h ; mai-sep. : tlj. 7h-0h

Ce glacier historique, ouvert en 1932, propose de succulentes glaces artisanales, servies en coupes, en cornets ou sous forme de gâteaux glacés, les *mattonelle*.

Sant'Erasmo

→ *Ligne 13*

Considérée comme le "jardin de Venise" grâce à sa terre fertile d'où émergent vignes et champs d'artichauts (les fameuses *castraure*), Sant'Erasmo est le refuge secret des Vénitiens en quête de nature et de quiétude (la circulation automobile n'est autorisée qu'aux maraîchers). Ses sentiers sauvages permettent de respirer loin des foules de la cité touristique et de découvrir un autre aspect de la lagune.

San Michele

→ *Ligne 4.1 Station Cimitero Tél. 041 729 28 11*
Été : tlj. 7h30-18h ; hiver : tlj. 7h30-16h30

Face aux Fondamente Nove, cette petite île est le cimetière de Venise depuis 1837. Ceint de murailles en brique, piqué de cyprès, celui-ci abrite, parmi celles de Vénitiens anonymes, les tombes d'Igor Stravinsky, Serge de Diaghilev ou Ezra Pound.

Murano

→ *Lignes 3, 4.1, 4.2, 13*

Afin de réduire le risque d'incendie à Venise, les *fornaci* (fours) des souffleurs de verre ont été déménagés au XIIIe s. sur l'île de Murano, à 2 km au large de la cité. Il est aujourd'hui possible d'en visiter quelques-uns et, malgré l'afflux des curieux, voir les artisans à l'œuvre mérite le coup d'œil. Dans la chaleur des ateliers, avec une dextérité fascinante, les maîtres verriers transforment en quelques

ON PREND L'AIR AUTOUR DE VENISE !

SAN MICHELE

MURANO

LIDO

BURANO

secondes une boule de verre en vase ou en animal quelconque... Magique !

Museo del Vetro
→ *Fondamenta Giustinian, 8 Tél. 041 527 47 18*
Avr.-oct. : tlj. 10h-18h ; nov.-mars : tlj. 10h-17h
Toute l'histoire du verre à travers les âges, des vestiges préhistoriques aux bibelots du XXIe s. !

La Perla Ai Bisatei
→ *Campo San Bernardo, 1 Tél. 041 739 528*
Tlj. 11h-15h
Une bonne table, fréquentée par les ouvriers. On y mange à la bonne franquette des plats copieux et de qualité. Poulpe farci, friture de poisson et typiques biscuits *bussolà* (en forme de S). Plat 15€.

Burano
→ *Ligne 12*
À quelques encablures de Venise surgit des flots la romantique Burano, l'île des dentellières, avec ses pittoresques fils à linge et ses maisons de pêcheurs aux façades colorées. Chaque année en mai, lors de la Volalonga, des milliers d'embarcations parcourent les 30 km qui séparent Venise de Burano, dans une ambiance festive. Par le pont, à l'ouest, on rejoint l'île de Mazzorbo pour une balade dans les vignes.

Museo del Merletto
→ *Piazza Galuppi, 187 Tél. 041 73 00 34*
Mar.-dim. 10h-18h (17h nov.-mars)
Le musée de la Dentelle présente plus de 200 précieux spécimens, retraçant l'évolution de cet artisanat local entre le XVIe et le XVIIIe s.

Torcello
→ *Lignes 9, 12*
Difficile d'imaginer la splendeur passée de cette île, qui fut, entre le Xe et le XIIIe s., la puissante rivale de Venise. Ruinée par l'ascension de sa sérénissime voisine, par la malaria et par l'ensablement de ses ports, Torcello est désormais presque déserte. Figée dans son écrin de verdure et de marécages, elle mérite une escapade pour son atmosphère mélancolique si particulière, et surtout pour sa splendide cathédrale.

Cattedrale di Santa Maria Assunta
→ *Tél. 041 73 01 19*
Mars-oct. : tlj. 10h-18h ; nov.-fév. : tlj. 10h-17h
Le plus ancien édifice de la lagune vénitienne ! Bâtie au VIIe s., la cathédrale arbore un campanile de style vénéto-byzantin et une façade austère, qui contraste fortement avec l'intérieur, tapissé de mosaïques dorées (XIIe-XIIIe s.) d'une éblouissante finesse.

DÉBARCADÈRE

GONDOLE

Ca' Pisani (B B3)
→ *Dorsoduro 979/A Rio terrà Antonio Foscarini Tél. 041 240 14 11 www.capisanihotel.it*
Inauguré en 2000, un superbe hôtel design doté d'un bain turc et d'une terrasse. Chambres vastes et luxueuses, au mobilier Art déco. Pour deux 115-420€, pour trois 170-780€, pour quatre sur demande.

Pensione Accademia - Villa Maravege (B B2)
→ *Dorsoduro 1058 Fondamenta Bollani Tél. 041 521 01 88 www.pensioneaccademia.it*
27 chambres dans une splendide villa du XVIIe s., entourée d'un grand jardin très fleuri (transats) aux abords du pont de l'Accademia. Repos assuré. Pour deux 120-370€, pour trois 200-400€, pour quatre 260-480€.

Santo Stefano (B C2)
→ *San Marco 2957 Campo Santo Stefano Tél. 041 520 01 66 www.hotelsantostefanovenezia.com*
Sur l'une des plus séduisantes places de Venise, d'où l'on rayonne facilement dans toute la ville, cette tour de garde du XVe s. abrite 11 chambres arrangées avec goût. Pour deux 130-250€, pour trois 170-300€, pour quatre 210-350€.

Flora (B E2)
→ *San Marco 2283/B Calle Bergamaschi Tél. 041 520 58 44 www.hotelflora.it*
Paisible hôtel pour séjour de rêve à deux pas de la place Saint-Marc : délicieux espace intérieur avec fontaine pour se détendre en été. 40 chambres. Pour deux 130-542€, pour trois 157-552€, pour quatre 220-586€.

PALACE

JW Marriott Venice Resort & Spa (hors plan A A6)
→ ***Isola delle Rose** Navette gratuite à San Marco, face aux jardins Tél. 041 852 13 00 www.marriott.fr*
Sur Isola delle Rose, petite île privée proche du Lido, un hôtel de luxe avec de nombreux services pour enfants : piscine dans le parc arboré, *kids club* gratuit de 4 à 12 ans, cours de cuisine, activités en plein air. Les parents devraient pouvoir se reposer ! Pour deux à partir de 350€, pour 3 ou 4 à partir de 612€. Gratuit pour les enfants jusqu'à 11 ans.

EN BATEAU

En vaporetto
Le bus de Venise ! Terme générique pour trois sortes de bateaux : le *vaporetto* proprement dit (bateau large et lent), le *motoscafo* (plus bas et plus étroit) et la *motonave* (à étage). Desservant toute la ville, mais aussi les îles du nord (Murano, Burano...), ils fonctionnent sans interruption (4 lignes de nuit).

ACTV (C B2)
→ *Piazzale Roma Tél. 041 24 24 www.actv.it*

Tickets
À bord, aux principaux arrêts, dans les bureaux de tabac et offices de tourisme.
→ *7,50€/75 min*
→ *Ligne 1 : 4€ / trajet*
→ *Billets touristiques, avantageux au-delà de deux voyages (18€/12h ; 20€/24h ; 30€/48h ; + 12€ avec billet aéroport)*

Rolling Venice Card
→ *Tarif 22€/72h*
Carte de transport pour les 14-29 ans.

Abonnements City Pass Venezia Unica
→ *40€ la carte, puis tarifs avantageux (1,30€ le trajet simple, 30€ pour un mois) Achat à l'ACTV*

En traghetto
Gondoles collectives reliant les deux rives du Grand Canal. Les ponts étant rares, les *traghetti* font office de bac.
→ *2€ la traversée (0,70€ avec abonnement City Pass)*

En bateau-taxi
→ *Tél. 041 522 23 03*
Pour toute course à travers la lagune ! Env. 60€ de Piazzale Roma à la Piazza San Marco.

DÉBARCADÈRES DES TRAGHETTI

GONDOLES

Pas de Venise sans gondoles ! Quoi de mieux pour découvrir les trésors cachés dans les méandres de la Cité des doges ? Devenue exclusivement touristique avec le temps, cette activité, ô combien romantique, n'en est pas moins incontournable. Le métier de gondolier, hautement respecté par les Vénitiens, s'apprend de père en fils. Et le prix de la balade se fixe avec chacun, en fonction de ses désirs, à partir du tarif officiel de 80€ pour 35 minutes (tarif majoré la nuit). Magique !

sur le Grand Canal. Chambres familiales et bibliothèque multilingue sur Venise. Pour deux 70-380€, pour trois 100-300€, pour quatre 135-350€.

Ai due Fanali (E B4)
→ *Santa Croce 946 Campo di San Simeone Profeta Tél. 041 71 84 90 www.aiduefanali.com*
Sur une placette qu'on croirait privée, un bel hôtel coloré à l'atmosphère familiale. Chambres claires sans ornement excessif, quelques-unes avec vue sur le *campo*. Terrasse panoramique. Pour deux 80-250€, pour trois 150-280€.

Do Pozzi (B E2)
→ *San Marco 2373 Calle larga XXII Marzo Tél. 041 520 78 55 www.hoteldopozzi.it*
Au fond d'une cour proche de la très commerçante Calle larga XXII Marzo, à 200 m de la place Saint-Marc. Chambres décorées à la vénitienne. Petit déjeuner au vert sur la terrasse en été. Pour deux 80-290€, pour trois 90-350€, pour quatre 110-440€.

À PARTIR DE 90€

Locanda Fiorita (B D1)
→ *San Marco 3457/A Campiello Nuovo Tél. 041 523 47 54 www.locandafiorita.com*
Sympathique petit hôtel au 1er étage d'une belle demeure du Campiello Nuovo : 10 chambres ravissantes. Pour deux 90-190€, pour trois 125-210€.

La Fenice (B E2)
→ *San Marco 1936 Campiello Fenice Tél. 041 523 23 33 www.fenicehotels.com*
Lustre d'antan, patine vénitienne... font le charme de cet établissement posté sur une jolie placette, à deux pas de La Fenice. Petite préférence pour les chambres situées dans l'aile ancienne. Pour deux 90-320€, pour trois 130-350€.

Casa Verardo (A C5)
→ *Castello 4765 Campo SS. Filippo e Giacomo Tél. 041 528 61 38 www.casaverardo.it*
Situation de choix entre le pont des Soupirs et la place Santa Maria Formosa pour cet hôtel chic et cosy installé dans un *palazzo* du XVIe s. 23 chambres réparties sur 3 étages, et une jolie terrasse pour prendre son petit déjeuner en été. Pour deux 90-390€, pour trois 110-300€, pour quatre 130-400€.

Pensione Guerrato (D E3)
→ *San Polo 240/A Calle Drio la Scimia Tél. 041 528 59 27 www.pensioneguerrato.it*
Un hôtel plaisant et 19 chambres plutôt lumineuses, juste à l'arrière du marché du Rialto. Pour deux 100-145€, pour trois 120-165€, pour quatre 185€.

Galleria (B C3)
→ *Dorsoduro 878/A Rio terrà Antonio Foscarini Tél. 041 523 24 89 www.hotelgalleria.it*
Emplacement idéal tout près du musée et du pont de l'Accademia, pour cet hôtel pittoresque : 10 chambres spacieuses dans un palais du XIXe s. ! Pour deux 100-300€, pour trois 180-300€, pour quatre 300-350€.

Actv

Linee di nav

I biglietti Actv sono in vendita presso i punti vendita Venezia Unica, le biglietterie automatiche, i rivenditori auto
Actv tickets can be purchased from Venezia Unica ticket points, automatic ticket machines, authorized resellers, Actv sta

1
2
3
4.1 4.2
5.1 5.2
6
7
8
9
10
11
12
13
14
15
16*
17
18
19*
20
22

N **Linee notturne**
Night services

PM **People Mover**
Funicolare terrestre
Cable railway
(Shuttle P.le Roma / Marittima / Tronchetto)

* A \ Alilaguna arancio
* B \ Alilaguna blu
* R \ Alilaguna rossa

* **Non sono validi i titoli di viaggio Actv**
Actv tickets and passes are not valid

YOU CAN EVEN PURCHASE
ACTV TICKETS WITH
AVM VENEZIA OFFICIAL APP

A quick and easy APP to download, enabling you to buy tickets directly with your smartphone, whenever you want and wherever you are.

Once the purchase is done, the ticket is loaded on your smartphone: near the smartphone to the appropriate scanner which reads the QR code that is visible on your screen.

AVM Venezia official APP is downloadable free of charge from both App Store and Google play

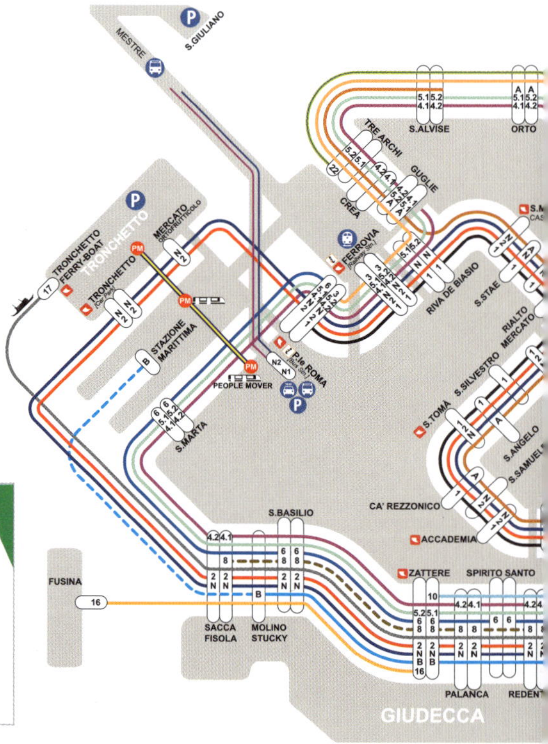

Ricordati di consultare gli orari esposti
Remember to read the timetables shown

Punti vendita o biglietterie automatiche Venezia Unica
Venezia Unica ticket points or self-service ticket machines

Informazioni turistiche
Tourist information

La linea ferma
The waterbus does stop her

La linea non ferma
The waterbus does not stop

Presso i punti vendita Venezia Unica puoi trovare anche biglietti per eventi, musei, mostre e teatri // guide
At the Venezia Unica ticket points you can also find tickets for events, museums, exhibitions and theaters // guides

Info call center Hellovenezia +39 0412424 \ www.veneziaunica.it

azione \ Waterborne routes

www.actv.it

ww.veneziaunica.it e personale Actv (ove previsto). Consulta la mappa dei rivenditori autorizzati su www.actv.it .
ovided) or from www.veneziaunica.it . Browse the map of our authorized resellers at www.actv.it .

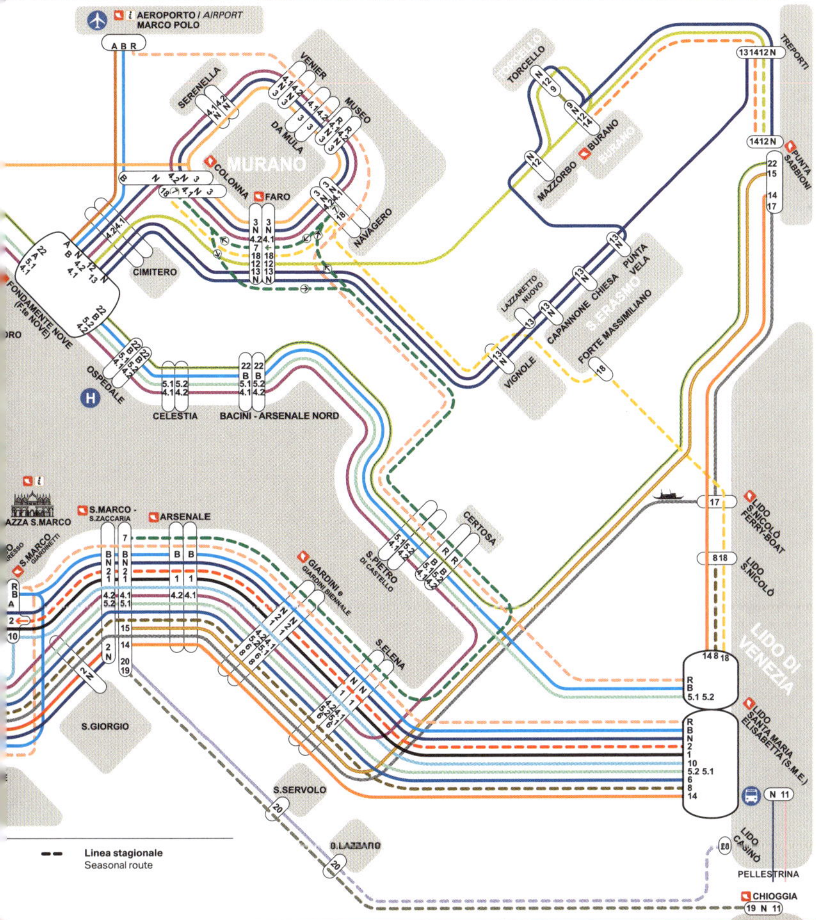

Valida dal 02.11.2016 ®

e // tour // Venezia Unica // merchandising
s // tours // Venezia Unica // merchandising

CITYPASS VÈNEZIA UNICA

Index des rues, des monuments et des lieux de visite

Les noms de rues et de lieux de visite, classés par ordre alphabétique, sont suivis d'un carroyage, dont la lettre en gras **A, B, C...** indique le quartier et la carte correspondante.

RUES